不選股，我才賺到錢

尼古拉·貝胡貝 著
Nicolas Bérubé
呂佩憶 譯

財經記者從投資黑歷史中學到的真教訓，持續買進才是唯一解

FROM ZERO TO MILLIONAIRE

A simple, effective and stress-free way to invest in the stock market

獻給啟發我的潘妮洛普

目次

推薦序

讓自己成為更好的投資人

財經作家／綠角

就跟許多投資人一樣，《不選股，我才賺到錢》的作者也曾想要短期致富。他認為自己的研究會帶來正確預測。於是在2010年放空美國股市。

當時美國經濟仍未完全走出衰退的陰霾，股市卻已經從2009年2月金融海嘯的谷底，反彈大漲80%。當時許多投資人士稱之為「無基之彈」。認為很快就會修正，甚至大跌。

作者放空之後，市場持續大漲，讓他幾乎賠光本金。

為什麼投資人做了功課，努力研究，反而害自己嚴重虧損？

我們常看到長期股市統計數字，譬如台灣股市以加權股價指數計算，自1970年初到2024年底，有207倍的獲利。美國股市同期則有267倍的獲利。

既然市場有那麼好的報酬，為什麼那麼多投資人，在股市投資卻是很難賺到錢、虧損，甚至還輸光身家？

我們自己害的。

我們常做出對自身有害的投資行為，卻還以為是拿到更好績效的方法。書中有個絕佳比喻，譬如你看到一個人每天晚上坐上沙發看兩小時的影片，同時享用手上的零食與汽水。他說自己正在打造更健康的體態。你一定會笑出來。

但投資時，很多人在做類似的事。

哪些事情呢？

首先，過度關注市場消息。

我們總覺得，投資要知道當下市場狀況。於是很多人就持續關注市場消息。

你會看到很多負面消息。

市場上漲，就會有專家跟你講，要小心已經漲太多了。市場下跌，就會警告你，這只是開始，後面還有更可怕的。

整天看這些，你還會想投資嗎？這會造成你大多時間都留在場外。沒有參與市場，怎會有報酬？

另外有些報導會跟你解釋，為何這支股票近期上漲，為何市場最近下跌。這些文章看來分析到位，言之成理。實則非常有害。這會讓投資人誤以為這些漲跌是很容易找到理由的。然後進一步想，我只要事先分析這些會造成漲跌的因素，就能掌握未來走勢。

這是錯誤推論。在事情發生後，當然很容易找到理由。但要預測未來，絕非想像中簡單。

要能長期參與市場，需要忽略這些報導。

投資人第二個自我傷害的行為，就是不斷追求短期高報酬。

譬如找到下一個半年漲100%的股票。或是想要在低點進場，假如市場在進場之後反彈，就能一年賺二、三十趴。

這就像參加馬拉松。跑到10公里時，你突然加速，奮力跑到集團最前面。這有什麼意義嗎？

對於大多跑者來說，這個舉動的後果是讓你在之後跑得很累，甚至無法完賽。

投資重要的是長期成果。20年、30年，整段期間的成果。而不是中間取得幾次短期亮眼報酬，但其它大多時段成果很差。

維持長期觀點才能看清投資之路。

最後一個常見迷思，就是以為拿到平均報酬，會讓自己成為一個很一般、很普通的投資人。

很多人認為，投資需要傑出成果。所以當然不能投資只會取得平均報酬的指數化投資工具，要主動選股，要積極進出市場。

這個想法錯誤的地方在於，長期、幾十年下來，假如每一年都能拿到平均報酬，你不是一個平均的投資人而已，而是投資贏家。

市場報酬就是整體投資人可以拿到的最高報酬。試圖增進報酬的舉動，譬如主動選股，擇時進出，往往適得其反。

作者回憶，在2010年做空股市時，假如有人跟他說：「你根本不知道自己在做什麼。」他可能會很生氣，覺得自己努力研究市場，怎麼可能會是錯的呢？

一個錯誤的觀念與投資方式，在投資人知道那是錯的之前，他都會覺得那是對的。

除非學習到新的觀點與知識，人不易看出自身錯誤。

還好，人有理性與智慧，可以改變，可以進步。拿起這本書，閱讀作者的精采論點與剖析，你可以讓自己成為更好的投資人。充分參與市場，得到你該得到的報酬。

前言

1 萬美元的慘痛教訓

「你似乎沒有太在意手上這件事。」我終於開口打斷福爾摩斯。

「還沒有資料，」他回答道。「在掌握所有證據之前就開始推理是極大的錯誤，這會影響判斷。」

——亞瑟·柯南·道爾（Arthur Conan Doyle），

《福爾摩斯探案集》

我不是投資人。人們總是對我說，你應該讓錢為你工作。我決定自己來工作，讓錢去休息。

——傑瑞·宋飛（Jerry Seinfeld），喜劇演員

堆滿床頭櫃的書籍，隨時可能在我熟睡時砸在我的頭上，但我的心思卻飄到了別處——我快要發財了。

當時我33歲，住在洛杉磯銀湖區，這是一個充滿波西米亞風情的時尚社區，坐落在美國西岸這座龐大都市的

一隅。我深信股市即將崩盤。

那是2010年，美國經濟正處於自由落體狀態。我們正經歷自1930年代大蕭條以來最嚴重的金融危機。華爾街上，數百名大銀行與投資公司的員工剛剛走出辦公大樓，雙眼茫然，手裡抱著裝滿私人物品的紙箱。在我住的社區，數十個空置的商業店面掛著「出售」或「出租」的告示。可以感覺得到美國的衰落，似乎無窮無盡。

經歷了一場暴跌之後，美國股市竟然在短短幾個月內強勢反彈了60%。許多觀察家認為，這波反彈毫無意義，真正更深層次的崩盤即將到來。

當時我剛讀完幾本關於金融危機的書，包括麥可．路易斯的《大賣空》（*The Big Short*）[1]和葛瑞格里．祖克曼的《史上最偉大交易》（*The Greatest Trade Ever*，無中譯）[2]。這些書介紹精明的投資人如何預見美國房市泡沫的破裂，並提前布局，從中大賺一筆。我對這些固執己見的投資人深感著迷。在市場繁榮時，他們被同業譏笑；當市場崩盤後，他們卻搖身一變，成為洞察世局的先知。

這一次，我決定，我要當那個先知。

我剛剛在蒙特婁轉手賣掉一間公寓，賺了1萬美元。我決定把這筆錢投資在一個簡單的想法上：華爾街會崩盤。

為了下注，我買進「賣權」（put options）。這是一種金融產品，當標的股票價格下跌時，賣權的價值就會上升。為此，我開設了一個允許交易芝加哥證券交易所選擇權的證券戶。

我從來沒有做過這種事，只能透過閱讀那些與我持相同觀點，認為市場會崩盤的作者和部落客來學習。我打算在市場開始朝著對我有利的方向發展時，陸續投入更多資金。我投入了所有精力與決心，因為我相信自己看到了別人不願看到的事實。

從第一天起，我就開始虧損。

每次登入證券戶，我的心跳都會暫停——我的1萬美元逐漸縮水，每次都少掉幾百美元。股市不僅沒有崩盤，反而還在繼續上漲！

但我不想輕易放棄。爬山哪有不受傷的。

幾個月後，結果已經顯而易見：我徹底失敗了。當我認輸賣出時，我手中的選擇權只剩下幾百美元的價值。如果說投資股市是一場考試，那麼當我拿到改過的考卷時，上面赫然印著一個大大的紅色「零分」。

我不知道1萬美元對你來說算不算一筆大數目。但我記得，這麼快就失去這筆錢的感覺並不愉快，甚至到現在仍然時常想起。

至今我仍無法完全解釋那件事，但我沒有選擇就此遠離金融市場，反而決定弄清楚它是如何運作。

在接下來的幾年裡，我花了數千小時閱讀與金融和投資相關的書籍。我有幸採訪我們這個時代最知名的一些投資人和財經作家，包括莫尼許・帕布萊（Mohnish Pabrai）、摩根・豪瑟（Morgan Housel）、安德魯・哈勒姆（Andrew Hallam）、彼得・艾德尼（Peter Adeney，知名部落客，以「金錢鬍子先生」Mr. Money Mustache的筆名聞名）等許多人。我深入研究市場的歷史，學習大多數投資人犯過的錯誤，以及那些經過驗證、有效的長期投資方法。我仔細研讀了華倫・巴菲特（Warren Buffett）、查理・蒙格（Charlie Munger）、班傑明・葛拉漢（Benjamin Graham）、約翰・柏格（John Bogle）等公認歷史上最偉大投資人的生平與著作。當我忙著下注股市末日即將來臨的時候，巴菲特和蒙格則是像進入糖果店的小孩，雙手抓滿了股票⋯⋯。

我了解到，自己為了快速致富，犯下了所有與投資獲利相反的錯誤，而這些規則已經在股市運作了400多年。

我了解到，股市既不是賭場，也不是一場試膽遊戲或詭計。幾個世代以來，想要快速賺大錢的人最終都落得跟我一樣的下場——鼻青臉腫。

我也發現，這個我曾以為冷漠無情的世界，其實充滿了引人入勝的角色、起伏跌宕的財富，以及人類所有情感的極致展現，這些情緒因為財務收益的誘惑而被放大了10倍，金錢無疑是人類歷史上最強烈的迷幻劑之一。

在經歷了這場非常丟臉的挫敗兩年後，我又開始投資了。這一次，我沒有後悔。

從那之後我學到了一件事：所有投資人都曾犯過錯誤。就算是巴菲特也承認，在他20歲出頭，對市場還不夠了解時，曾經做過一筆糟糕的投資，導致他損失了20%的資金。

那20%的損失，現在可能價值數十億美元。他曾風趣地說：「算是個相當大的錯誤。」[3]

我寫這本書的目的，就是為了避免你在成為優秀的投資人之前，眼睜睜看著數千美元蒸發。（如果你已經虧損了，真是遺憾！有些教訓的確比其他的更痛。）

學習這些教訓

我第一本以法語出版的書《富豪不是你想的那樣》（*Les Millionnaires ne sont pas ceux que vous croyez*，無中譯，其中的核心論點是：財富並不來自於加薪的希望或年底的大筆獎金，也不來自於追求某個特殊的投資機會。財富來自於我們如何運用手上現有的錢——就在今天、此刻所做出的選擇。

這本書出版後，我舉辦過一系列的講座。在每場演講結束後，我都會花30到40分鐘，與前來聽我說話的觀眾交流。

我原本以為，大家會問我關於那些受訪富豪的生活細節，或是要求我解釋書中所引用的統計數據。但是沒有人問這些問題。

舉手發言的人，全都想知道如何投資股市。

在結束這些演講回家後，我對這些交流感到欣慰。但同時也感到有些飄飄然。因為某種程度上，人們可能因為我而開始投資了。

這感覺就像是我訴說一個遙遠而美麗的國度，結果成功說服了一群人背起行囊、穿上登山靴，準備啟程。我知道他們做出了正確的決定。我也知道，在這條路上，他們將會遇到困難、疑惑，甚至恐懼，因為我自己也經歷過，而且每天仍持續經歷著。

這些想法促使我寫下這本書。

當談論投資時，我發現這個話題充滿了迷思、先入為主的觀念，以及令人不安的信念：金錢總是吸引著各種可疑的策略。

現在西方國家有愈來愈多的人投入股市，但我發現，許多投資人都覺得自己錯過了什麼。我們聽著朋友或同事談論他們的績效有多好，然後疑惑為何自己的投資似乎停滯不前。我們應該買進那些更具話題性的公司股票嗎？換一個財務顧問或投資組合經理人？尋找某個特別的人，一個能夠發掘出那些會大幅升值股票的投資高手？這本書將試圖回答這些問題。

投資本身是一件簡單的事情，但是整個金融業卻極力將它複雜化，以證明自身存在的價值。所以我要在書中分享一些重要的教訓，這樣你們就不必犯下我曾犯過的錯誤，來換取到這些經驗。

——尼古拉・貝胡貝（Nicolas Bérubé）

序章

別再嘗試預測股市漲跌，持續買進才是王道

如果你不確定該對什麼感到警惕，那麼一切都會讓你感到恐慌。

——克里斯·哈德菲爾德（Chris Hadfield），加拿大太空人

「我不認為美國能夠撐下去。」

幾年前，我在舊金山的一間餐廳和朋友共進午餐時，他向我坦白了這個想法。

我們周圍有年輕的服務生端上公平貿易認證的濃縮咖啡和無麩質麵包，顧客們穿著輕鬆而不失品味的服裝。餐廳入口附近，一卷卷瑜伽墊被裝在專門設計的套子裡，雜亂地堆放在一起，看起來就像是供奉給「健康與自我探索之神」的五顏六色祭品。

我剛表達了對美國未來的樂觀看法，而我的朋友顯然並不樂觀。

「華爾街唯一能夠撐下去的原因，就是美元持續貶值。」他說。「美元已經不再以黃金為擔保了。美國經濟必然會崩潰，這是無法避免的。」

「美國貨幣早就已經不再以黃金做為擔保了。」我回答道。

「是的，但人們正逐漸開始意識到這一點。」

我問朋友，他是不是那種會在地下室囤積罐頭食品以

備災難來臨的人。

「我們的食物儲備足夠維持一年。」他回答。

我咬了一口薯餅。他背後有一位女士正將一輛BMW旅行車停在路邊。

「沒錯，我是個預備主義者（prepper）。」他笑著說，還能自嘲。

「那你有買黃金嗎？」我問。

「當然！實體黃金是一定要買的，否則毫無價值。我正在安排黃金存放的問題。對了，你覺得美國為什麼要進軍阿富汗？是為了稀土元素！馬利也是一樣……。世界的銀行系統掌控在幾個家族手中，是他們撐起華爾街……一切終將崩潰。」

我們那天對話後已經過去10年。在這段時間裡，美國股市──占全球市值超過一半──幾乎毫不間斷地上漲，與企業生產力和獲利同步上升，價值成長了4倍。

而黃金的價格，則比我們當時一起吃午餐時還要低（編按：本書成書於2021～2022年之間，中文版於2025年出版，金價已有所不同）。

我的朋友才華洋溢，在舊金山競爭激烈的科技產業工作。他是個專業人士，住在世界上最多人嚮往的城市，最令人欣羨的社區之一。

講這個故事，並不是為了證明我的朋友錯了。正如我在前言中提到的，我自己也曾預測過股市會發生劇烈崩盤，而那次預測差一點終結了我剛剛起步的投資生涯。

分享這個故事，是因為只要你和別人談起股市投資，你很快就會聽到各種危言聳聽的說法，例如「股市就像賭場」或是「快要崩盤了，快醒醒」。

在幾年前的聖誕派對上，一位親戚告訴我即將發生股災。

「我已經賣掉了所有的股票。」他一手拿著啤酒，背後的聖誕樹閃閃發光。「股市漲得太兇了，屢創新高，我有一種不祥的預感……。我覺得這次崩盤會是史上最慘烈的一次。」

幾個月後，一位鄰居也表達了相似的擔憂。「早該發生一次大震盪了。」他私下告訴我。

結果，他們並非全然錯誤：後來的幾年，市場確實出現了一些回調。但是到了現在，市場的整體表現依然高於他們當初做出這些悲觀預測時的水準。

我承認我的觀察樣本很小，甚至只是些個人的經歷。但是在我身邊，這些認為自己能憑直覺預測市場未來的人，幾乎都是男性。

而且就像這些例子一樣，他們通常是高學歷、在各自領域能力卓越、職業前景令人羨慕的成功人士。

這種即將陷入混亂的直覺能夠誘惑最勇敢的投資人，甚至是最有經驗的市場專家。但是這種直覺完全沒有價值。我將在本書中解釋原因。

投資人的超能力

投資是一種奇特的行為，它的本質是放棄——投資表示要放棄當下的消費，以換取未來更多的金錢。

為什麼要這麼做？

其實你應該問的是：我們有選擇嗎？

政府的退休金與年金方案，本來只是為了補充退休收入，而非完全取代它。提供優渥退休金方案的雇主數量正在減少。而如果你是自由業者或企業家，不需要別人提醒，你也知道必須自己負擔生活開銷，而且在停止工作後，這筆開銷可能會持續數十年。

投資確實有風險。但是不投資的風險更大。

與其每個月靠薪水勉強度日，買進金融資產能讓我們獲得財務自由，並在一生中享受這份自由。

放下一切去旅行一年、無需貸款就能買車或買房、面對突發的大筆開銷時從容應對、能夠慷慨地資助需要幫助的人，都是投資人擁有的超能力。

因為學校不教投資，所以許多人認為投資太過複雜、風險太高或過於抽象，而不知道良好的投資方式其實非常簡單，幾乎人人都能理解。

結果，許多人選擇買進房產，辛苦還貸，沒有考慮其他投資方式。他們沒有發現，這樣錯過了比住宅房地產更能累積財富的機會。

如果我們覺得賣房後的獲利驚人，那是因為對大多數人來說，這可能是我們人生中唯一能接觸到數十萬甚至數百萬美元的資產。由於沒有比較基準，就算是最普通的房屋價格也顯得令人驚嘆。

股神巴菲特在1958年，於內布拉斯加州奧馬哈買進了他現在住的房子，當時的價格是31,500美元。如今這棟房子的市值約為70萬美元。但如果巴菲特當初將這筆錢投入股市，今天的價值將超過2,300萬美元！

難怪巴菲特一生都在買進企業而不是豪宅，甚至把自己的房子稱為「巴菲特的愚蠢之舉」。

富人之所以能比一般人更快變得富有，原因在於他們不會讓大部分資產「沉睡」在那些遮風擋雨的房屋牆壁裡，而是持續買進金融資產，如股票（又稱為「權益」）、共同基金和債券。

40%

美國最富有的 1% 人口，將 40% 的淨資產投資於股票和共同基金。相較之下，財富排名後 50% 的人，這類資產在其資產組合中的占比只有 2%。

長久以來，只有富人有資金和人脈來投資這些金融資產，現在已不再是如此。當然，資金少會影響投資規模，但這並非無法克服的障礙。事實上，從 20 歲開始，每天只投資 5 美元，退休時就可能成為百萬富翁——不需要承擔過高的風險，無需每天讀財經新聞，更不用成為金融專家！

你不需要擁有商學院學歷，也能成為優秀的投資人。事實上，離商學院愈遠，反而愈能掌握讓資產增長的優勢。這正是你將在本書中發現的祕密。

許多投資書籍教你如何分析企業、挑選優質股票，然後建立能夠長期增值的良好投資組合。

但是研究顯示，投資成功的關鍵是我們的「情緒」和「行為」，比股票本身的價值更重要。

最新的研究還發現，花時間精挑細選股票，最終反而會讓我們變得更窮。

的確，你會發現與其花時間在乾草堆裡找一根針，不如乾脆買下整個「乾草堆」。這種反直覺的策略，將幫助你躋身世界頂尖投資人的行列，超越金融專業人士的投資報酬。這些專業人士坐領高薪、受過良好的教育、駕駛豪華名車、坐在市中心摩天大樓裡管理數以百萬美元計的資金，但是你的投資績效將會超越他們。

我將在本書中教你如何獲得比專業投資人更高的報酬，並在市場動盪時承受比較少的損失。最重要的是，你每年只需要花不到一小時來管理你的投資！

如果你選擇請專業人士協助管理資產，本書也會教你如何挑選值得信賴的顧問，確保他們收取合理透明的費用，並且真正為你的利益服務，而不是替支付他們薪水的金融巨頭賺錢。

投資的迷思

這本書有一個核心主題：股市這個被認為是史上最強大的財富成長工具，充滿了迷思、虛假承諾，而且經常被投資人誤解。

在第1章中，我會揭示股市泡沫如何讓一代又一代的投資人學會謙遜，甚至連牛頓都無法倖免。在第2章我們將看到，即使是市場專家選股，最後幾乎也都是令人失望的結果。

第3章與第4章介紹指數基金投資的誕生（以及被人嘲笑）。第5章與第6章分析為何律師、醫生和牙醫通常是最糟糕的投資人，以及為什麼新聞媒體無法讓我們變得富有。

我會在第7章解釋如何應對市場無可避免的低迷與崩盤。第8章將探討為何與一般的財務顧問合作，有如在異國危險小島上搭乘一輛昂貴的計程車。而在第9章，我會教你如何根據自己的投資自主程度來配置資金，並且以符合道德與負責的方式進行投資。

良好的投資習慣

沒有人天生就懂得如何投資。可惜的是，能在離世前學會投資的人少之又少。

「我怎麼會這麼蠢？」如果你從未憤怒地對自己這麼怒吼，那麼你還不算是真正的投資人。

——傑森．茲威格（Jason Zweig），財經作家

想要減重的人都知道，不能在冰箱裡塞滿冷凍披薩和薯條；想要提升體能與耐力的人，也不會每天晚上坐在沙發上抽菸，還相信自己更接近目標了。

但在投資理財方面，許多人做著類似吃垃圾食物，卻以為自己在養生的事——這種錯誤認知往往來自金融機構與專業人士，他們總自稱為好顧問。

不同於營養學和運動的基本原則，良好的投資習慣很少在學校教導，也不是政府大力推廣的教育內容。這些知識通常不是父母傳承給我們的，因為他們自己對這個話題也很不安。媒體有時候能提供不錯的線索，但這些線索很容易被鋪天蓋地的錯誤資訊所掩蓋，反而讓人迷失方向，而不是更接近目標。

對大多數人而言，學習投資理財的吸引力，大概就像週末時花上數小時閱讀從置物箱最深處翻出來的汽車手冊一樣無聊。

結果許多試圖透過投資發大財的人，反而採取了讓自己變窮的行動，或至少錯失了更豐厚的報酬。

事實上，良好的投資習慣早已存在數十年。但是這些知識幾乎從未從學術研究領域傳播給一般大眾。這些經驗教訓，正是你手中這本書的核心內容（希望它比《豐田汽車使用手冊》更有趣）。

著名心理學家大衛．鄧寧（David Dunning）寫道：「無知的心靈並不是一個乾淨、空白的容器，而是被大量不相關或誤導性的經驗、理論、事實、直覺、策略、演算法、捷思、比喻與直覺所填滿，因為這些東西看似是真正有用的知識。」[4]

我對這句話非常有感。幾年前市場崩盤時，我才開始投資，當時並不覺得自己做錯了什麼。如果有人告訴我，我根本不知道自己在做什麼，我可能還會惱羞成怒。

但是其實沒錯——我確實不懂自己在做什麼。

以色列外交家阿巴．艾班（Abba Eban）曾說過：「國家和人類總是會在嘗試過所有錯誤選項之後，才會找到正確的解決方案。」我認為，投資人的行為模式也是如此。若要理解這一點，我們就要回到倫敦的心臟地帶，回溯到18世紀初。當時，社會上一些最顯赫的人物，正對幾張紙著迷不已。

第 1 章

眾人追捧的行情，總會迎來大跌

思考很容易，

行動很困難。

但世界上最困難的事情，是按照自己的思考去行動。

——約翰．沃夫岡．馮．歌德

（Johann Wolfgang von Goethe），小說家與科學家

「人性的瘋狂」

艾薩克．牛頓爵士（Sir Isaac Newton）絕不會讓一生難逢的機會從指縫間溜走。

1720年的夏季即將來臨，當時倫敦街頭的氣溫已超過華氏70度（攝氏21度）。發表萬有引力理論的天才、同時也是史上最偉大科學家之一的牛頓，決定將他大部分的財產投資於南海公司（South Sea Company）的股票。

南海公司成立於9年前（1711年），由倫敦知識階層的成員創立，並獲得英國政府授予的壟斷權，允許其獨家經營通往西班牙美洲殖民地的貿易路線，以從事奴隸與黃金的運輸。

當時的英國國王喬治一世（George I）是公司的董事之一，這使得投資人對公司充滿信心。事實上，這間公司幾乎沒有獲利，但民眾並沒有因此忽視此一國際貿易擴張

下的黃金投資機會。這個話題在倫敦引發了極大的關注，幾乎是當時唯一的社交話題。

牛頓最初於1720年2月投資南海公司的股票，短短幾個月內，股價翻倍上漲。他認為公司正陷入投機狂熱，因此決定在同年4月19日賣出持股，實現獲利。

但是，股價完全沒有下跌，反而持續上漲。牛頓眼看自己不再賺錢，而他的朋友與熟人卻每天都在見證財富增加。在賣出股票後的兩個月，牛頓終於忍不住了。他於6月14日決定再次進場，將大部分資金投入南海公司的股票。

到了9月，南海公司爆發詐欺醜聞，股價迅速崩跌90%。公司的多名高層經理人被關進倫敦塔，資產也遭到沒收，其中包括一些國會議員。這起醜聞震撼整個英國金融市場，並影響了好幾個世代對創業與投資的信心。[5]

根據一些說法，牛頓在南海公司崩盤中損失20,000英鎊，相當於今日的2,000萬美元。[6]

據說這位物理學家最後感嘆道：「我能計算天體的運行，卻無法計算人性的瘋狂。」

此事對牛頓打擊極深，直到過世前都無法忍受別人在他面前提到「南海公司」這個名字。

這個事件顯示，即使是最理性、最聰明的人，也可能會陷入投機的狂熱，而這種狂熱總是只有在事後回顧時才會顯而易見。

南海公司的投機狂潮是當時最具毀滅性的金融泡沫之一。但是早在近一個世紀之前，歐洲的另一個地區也曾爆發過一場類似的泡沫——鬱金香危機（Tulip Crisis）。

一顆球莖換一間房子

許多歷史學家認為，鬱金香危機是歷史上最早的投機泡沫之一。這場危機發生於17世紀，起因是荷蘭公民對園藝的興趣日益增加。當時最吸引人、被最多人追捧的花卉之一就是鬱金香，這種花的球莖來自君士坦丁堡，具有耐寒的優勢，能夠承受北歐的寒冬。

鬱金香逐漸出現在阿姆斯特丹及其他地區的貴族花園中；園藝師開始培育混種球莖，培養出擁有鮮豔大理石紋色彩的鬱金香；商人們則出版帶有插圖的目錄，根據鬱金香的種類標明球莖的價格。

需求的增加推高了價格，尤其是來自法國的需求。於是在1636年，阿姆斯特丹建立鬱金香交易所。次年，一顆特別珍貴的球莖價格竟高達一間普通住宅的價值。就在那時，事情漸漸變得詭異起來。

在1841年出版的《異常流行幻象與群眾瘋狂》（*Extraordinary Popular Delusions and the Madness of Crowds*）[7]一書中，蘇格蘭記者查爾斯·麥凱（Charles Mackay）記錄了一連串當時的軼事。

他提到一位水手無意間吃掉一顆放在船長桌上的球莖，他以為那是一顆小洋蔥，卻不知道其實是極為稀有的鬱金香球莖——永世尊崇（Semper Augustus），「價格足以供應整支船隊一整年的糧食」。據說，這名魯莽的水手因此被判入獄。

到了1637年，當交易商無法再找到願意支付天價的買家時，球莖價格開始下跌。那些囤積大量球莖的投機者紛紛破產。而這場泡沫的破裂震驚了荷蘭民眾。

從19世紀末的鐵路、礦業公司、房地產、啤酒產業，甚至是自行車製造商，數十場投機泡沫事件一直以來都是金融書籍中的主題。

其中最重要的一次，是1929年秋季華爾街的崩盤。經歷多年信貸投機後，這場災難動搖了美國經濟的信心，引發骨牌效應，導致數百萬人破產，並開啟經濟大蕭條。紐約證券交易所上市的公司在4年間驚人地損失了89%的市值。將近一個世紀後，這場崩盤仍然是全球金融界極為關注的話題。

5兆美元

20世紀末時，一場最新的投機泡沫席捲全球：網路泡沫（dot-com bubble）。當時投資人爭先恐後地將資金投入科技公司，但這些公司沒有客戶、沒有產品，甚至連獲利的可能性都看不到。

我知道，因為我就是其中一位投資人。

20多歲時，我在一間戶外雜誌社擔任記者。那是我夢寐以求的工作——可以四處旅行、測試戶外設備，還有機會採訪那些冒險界的巨人，比如與雪巴人丹增·諾爾蓋（Tenzing Norgay）共同登頂聖母峰的艾德蒙·希拉利爵士（Sir Edmund Hillary），以及全球首位登上14座8,000公尺高峰的萊茵霍爾·梅斯納（Reinhold Messner）。

不過，當時我還有另一項熱情，而且幾乎比戶外世界更令我著迷：網路公司。

雜誌社的老闆、身兼總編輯的史帝芬和我，開始投資Netgraphe，這是一間剛上市的加拿大科技公司，聲稱要利用網路的力量摧毀主流媒體。

短短幾個月內，我們的投資增加1倍，接著又漲了3倍。每天早上9點30分，當市場開盤時，我們總會從一間辦公室喊到另一間辦公室：「哇！」、「不敢相信！」完全無法壓抑我們對股價飆升的興奮。

當你看著自己的投資日漸增值，會覺得自己聰明絕頂。你很快心算一下，發現這些剛賺到的錢可以買一輛新的自行車、付6個月房租、買一輛二手車，然後是買新車……

當時，媒體上最常被引用的人物之一是亨利・布拉傑（Henry Blodget），一位年僅31歲的華爾街分析師，任職於紐約的美林證券（Merrill Lynch）。布拉傑認為，科技公司的崛起才正要開始，隨著未來獲利的增加，這波趨勢還會持續好幾年。

但布拉傑並不天真，他發現這場熱潮不太正常。他的祖父曾在1920年代致富，卻在1929年股市崩盤和大蕭條中一敗塗地。因為有這段家族歷史，他便詢問資深同事是否認為歷史會重演、是否可能再次發生類似1929年的大崩盤。

「幾乎所有人都告訴我『不，這次不一樣』。」他多年後回憶道[8]。

投資組合經理人馬克—安德烈・特科（Marc-André Turcot）仍記得那段時期。當時他也才20多歲，在一間大型金融機構的低手續費證券部門工作，負責電話交易中心的業務。那時還沒有網路交易，客戶必須打電話才能買賣股票。

「我們的新客戶太多了，有時候人們得在電話線上等待一個小時，才能完成交易。」特科坐在老蒙特婁的頂樓辦公室裡告訴我。「他們很不高興，因為等終於接通時，想買的股票已經漲價了。有一次我接起電話，對方竟然在打呼——他等太久，結果就在電話上睡著了。我設法叫醒他，但他實在睡得太熟了，最後只好掛斷。」

他的常客之一是一名牙醫。「他跟我們說：『我得趕著處理病人，因為我要抓緊時間下單。』簡直瘋了。大家在股市裡賺的錢多到連本業都變成了兼職工作。」

但是當投機者不願再以更高價格買進科技股時，過熱的市場開始崩跌。賣方找不到買方接盤，只好被迫降價，結果引發恐慌性拋售。

全球最大科技股交易中心——紐約的那斯達克從2000年3月的高點重挫，兩年後市值蒸發75%。曾經主打網購寵物用品的Pets.com，股價從14美元跌到0.19美元。年輕的網路公司亞馬遜（Amazon）也幾乎從市場上消失——股價在兩年內大跌90%。

這場泡沫破滅使得約5兆美元的市值自市場中蒸發。比較一下，就會更清楚這筆錢有多大：此數字約等於當時美國經濟規模的三分之一。

特科回憶起股市崩盤時的場景，「整間辦公室突然變得很安靜，因為客戶不再打電話進來了。他們都在等待市場反彈。」

他記得一位常客，是個很友善、很有禮貌的人。「他的投資組合原本價值超過100萬美元但等到他再打電話進來時，資產只剩下7萬美元。我們看過太多這樣的故事了，真的很令人難過。」

就在那時，我和老闆決定賣掉我們的投資。雖然沒有賣在最高點，但也不是最低點。老闆用他賺到的錢重新裝潢房子，而我則用這筆錢買了一部電腦和其他設備。

這場科技泡沫讓我覺得，股市就像賭場一樣。我告訴自己：「還是別碰吧。」

接下來的10年，我連一分錢都沒有再投資過。

「玩」股票

年輕時對股市的經歷，可能會決定我們這輩子對它的看法。

如果你曾目睹自己的叔叔在2000年代初的網路泡沫中賠光退休金，可能讓你感到恐懼，導致你再也不想「玩」股票。

或是你記得新冠肺炎疫情初期市場的崩跌。有某幾天，股市還沒到中午就已經下跌11%——這樣的跌幅之大，要一路回溯到1930年代，才能找到類似的情況。

1968年至1985年間，股市幾乎沒有上漲。1990年代，股市一路攀升。2000年代，股市則歷經一次又一次的崩盤。1990年代的市場曾如火箭般一飛沖天，卻在2020年新冠肺炎危機期間急遽下跌（不過這次是暫時的）。接著在2022年，股市又再次下跌。

這些市場波動可能會掩蓋一個事實：儘管歷經泡沫、衰退和崩盤，股市仍然為世世代代的投資人提供豐厚的報酬。道瓊工業指數——這個經常被引用的市場指數，衡量的是美國30間大企業的績效，在20世紀初時的指數是66點；到了世紀末，已經達到11,497點。

如果我們將股利再投資計算在內，也就是企業每年通常2到4次，以現金形式向股東支付的部分獲利，那麼在20世紀初，投資於美國最大公司的1美元，100年後的價值會超過18,500美元。在這樣的市場中投資，為什麼卻會虧損呢？

因為我們常常落入市場設下的陷阱。

我們就像牛頓一樣，以為找到了一間「絕對」能讓自己致富的公司；或是在聽到某位權威專家警告市場即將大幅下跌後，便恐慌拋售資產，試圖「避開風暴」。

我們常在市場崩盤後才開始投資；我們把資金交給銀行或金融機構，卻沒發現他們的利益可能與我們的利益相互衝突。

有趣的是，那些讓我們變窮的行為並沒有改變。世代交替，這些行為依舊存在。但是，投資其實可以非常簡單。

想像一下，父母從孩子出生起，每天為他投資1美元到美國股市。到了20歲，孩子自己接手，並持續每天投入1美元，貫徹一生。

如果這些投資獲利與美股的歷史平均年化報酬率11.8%一致，那麼到了65歲，這筆資產會累積到多少呢？答案是：480萬美元。

現在假設第二個孩子，父母並沒有從出生起就為他投資，而是等到他自己20歲才開始每天投入1美元。那麼，當孩子到了65歲時，能累積多少資產？

答案是：略高於50萬美元。

如果這第二個孩子想要趕上480萬美元的目標，那麼從20歲起，他每天必須投資超過9美元。

這就是投資中「簡單」與「時間」的威力。

這個例子令我著迷，因為它違反直覺——是早點開始竟能造成如此巨大的差異。拖延投資，是你所能犯下最昂貴的錯誤之一。

重新開始

許多人認為，投資這場遊戲早就已經輸了，因為情緒註定會讓我們只能獲得平庸的報酬。因此，把錢交給專業人士管理才是最好的選擇，讓專家來處理。

我不反對透過專業人士協助管理資金，甚至認為這對大多數投資人來說，確實是最佳解決之道。但我自己就是一個活生生的證明：我們完全可以從錯誤中學習，培養更聰明的行為模式，自己輕鬆管理資金，並獲得比專業投資人更低波動、更高報酬的成果。

學會避開投資陷阱同樣非常重要，因為即使我們的資金交由他人管理，仍然可能犯錯。我們可能支付過高的手續費、在最糟的時機拋售所有資產、頻繁在不同投資之間跳來跳去，犯下重大錯誤，或失去耐心。

我甚至會說，成為一位好的投資人，能讓我們變成更加完整的人。現今社會高度推崇即時反應，學會在「事件發生」與「如何回應」之間留出空間，已是這個時代最重要的挑戰之一。

市場的陷阱幾乎永無止盡。它們會一個接一個出現，或者同時出擊。它讓我們覺得自己是天才……然後又像個笨蛋。市場最愛玩的遊戲，就是今天讓我們痛苦，明天又令我們開心，下個月再嚇唬我們，如此反覆循環。

投資的目標，並不是擁有完美的紀錄——因為世界上沒有完美的投資人。真正的目標，是避開那些陷阱。

接下來，我們要來談談投資人面對的第一個陷阱：「稀世珍寶」的迷思。

第 2 章

買進一支明日飆股，為何績效卻差強人意？

失敗只是重新開始的機會，而這一次要更聰明。

——亨利．福特（Henry Ford）

在我有幸認識的投資人當中，莫尼許．帕布萊（Mohnish Pabrai）無疑是最受人尊敬的一位。

莫尼許．帕布萊生於1964年孟買的一個工人階級社區。他以傳奇般的沉著冷靜聞名，花白的鬍鬚讓人聯想到摩訶羅闍（maharaja，意為「偉大的君主」），而他在股市上的驚人戰績更令人稱道。

成長過程中，他看著父母創辦多家公司，也接連地倒閉。「我看著父母一次又一次失去一切——是真的全都沒了。他們連明天的吃飯錢都沒有，也繳不起房租。我從他們身上學到最重要的一課，就是他們從來沒有驚慌失措。」[9]

帕布萊19歲時移民美國，研讀電腦工程。1990年代創辦一間電腦顧問公司，後來以2,000萬美元出售，並進入哈佛商學院（Harvard Business School）進修。後來他開始管理自己的投資基金，現為客戶管理超過5億美元的資產。

莫尼許．帕布萊幾年前登上新聞頭條——他在年度慈善拍賣中贏得與投資大師巴菲特（Warren Buffett）共進午餐的機會。巴菲特是他的偶像，他與同事蓋伊・斯皮爾（Guy Spier）共同支付65萬美元，捐贈給一間專門資助女性年輕企業家的慈善機構。

幾年前，我有幸與加州大學洛杉磯分校（UCLA）的10名金融系學生，一起前往帕布萊在加州爾灣市（Irvine）的辦公室，與他共度一個下午。我感到非常興奮，因為他極少接受採訪。

我們很快發現，與帕布萊相處非常輕鬆自在。他親切友善，滿臉笑容，顯然樂於分享他的知識與智慧。他帶我們參觀辦公室，其中有一間陽光充足、井然有序的房間，他就在這裡閱讀和思考。在走廊轉角處，他還向我們展示一扇緊閉的房門，並告訴我們門後是一間小房間，裡面有一張床。

他說：「這是午睡用的，我幾乎每天都會小睡片刻。只有當大腦得到充分休息，我才能思考得更清晰。」

我們聊了好幾個小時，帕布萊講述自己的職業生涯並耐心回答提問。之後，他邀請我們前往他最喜愛的韓國餐廳，在享用烤牛肉與泡菜晚餐時，繼續暢談投資哲學。

56%

這是美股在全球股市總市值中的占比。

帕布萊告訴我們，股市暴跌並不會影響到他。舉例來說，在2008到2009年金融危機最嚴重時，他所管理的投資組合價值下跌67%。當時，貝爾斯登（Bear Stearns）、雷曼兄弟等大型投資銀行，如同骨牌般接連倒下。

他說：「多年後，我太太偶然翻到我在2008年寫給投資人的信。當她看到67%的跌幅時嚇呆了，並對我說：『真奇怪，那年我完全沒注意到你有任何變化。你看起來和平常一樣。』每隔一段時間，市場總會經歷重大修正，這是無可避免的。所以，又何必驚慌呢？」

這位投資人還向我們解釋，他如何多年來在股市上獲得驚人的報酬。就像巴菲特一樣，他的投資組合中很少持有超過十檔股票。他會深入研究目標公司的財務報表，並在投資前刻意不與公司的經營團隊交談，以免被他們迷惑，或落入話術的陷阱。

在我們會面期間，帕布萊談起他剛納入投資組合的一間公司時，顯得異常興奮。

他告訴我們，自己投入數百萬美元買進馬頭控股（Horsehead Holdings）的股票。這是一間專門從事鋅（zinc）回收的公司。鋅在許多工業製程是極為重要的原料，隨著全球經濟成長，需求也在不斷上升。

這間位於賓州匹茲堡的公司即將創造爆發式成長，他說：「他們正在建設一座全新、耗資億美元的最先進工廠——北美只有這麼一座。他們的市場地位絕佳，將充分受益於經濟復甦。」

他的分析令我感到震撼，論點清晰而有說服力，甚至讓人覺得，就算是小孩也會毫不猶豫地把存錢筒交給他。

當天晚上開車回家時，我腦海中浮現一個念頭：「如果把20%的投資組合押在這間公司會如何？或是乾脆投入30%？『馬頭』就像一枚即將一飛沖天的火箭，我應該利用這個機會。」

我沒有與那天同行的學生保持聯絡，因此不清楚是否有人真的投資了這間公司。而我自己，最終決定不投資。

我從未後悔這個決定。幾年後，馬頭控股宣布破產，市值暴跌90%。

稀世珍寶的迷思

隨便問一個人該如何投資股市，你可能會聽到這樣的回答：「挑選那些看起來最有前途的公司，買進股票，然後期待他們能成為下一個蘋果或谷歌！」

這就是我所說的「稀世珍寶」的迷思。

這種迷思認為投資人擁有一顆水晶球。能夠準確預測未來的人，就能找到這顆寶石；而其他人找不到，且必須為自己的錯誤承擔後果。

也許你身邊已經有人成為這種迷思的受害者，也許你自己也曾陷入其中？

舉例來說，為什麼不為未來投資呢？

我們可以試著挑選出未來幾年內將帶來革命性改變的創新，買進那些處於有利位置、能夠讓有遠見的股東致富的公司股票。例如選擇一間小型生物科技公司、一間人工智慧公司，或是一間生產鋰電池的公司，因為隨著電動車市場的快速成長，鋰的需求正在大幅增加。

問題在於，這種投資方法的歷史表現非常糟糕。即使我們已經發現哪些技術將在未來改變世界，也不太可能憑這個資訊致富。

我們來看看歷史上最重要的發明之一——汽車。

20世紀初，投資汽車製造商的人可能認為自己洞見未來。確實是如此：如今全世界道路上已有超過14億輛汽車。

但投資汽車製造商卻通常會造成財務虧損。自20世紀初以來，美國市場上曾出現過2,900多間汽車公司，最終幾乎全部消失——有些被競爭對手合併，還有更多則是因為獲利不足以支撐營運而倒閉。到了20世紀末，美國市場上只剩下3間汽車製造商（其中2間——通用和克萊斯勒——甚至在2007到2008年經濟危機期間，靠美國聯邦政府出手紓困才免於破產）。

在汽車之後，航空業的興起改革了數十億人的工作和旅行方式。同樣的，在這個競爭激烈、利潤微薄的產業中，投資報酬幾乎從未達到人們的預期。

不久之前，只要談到股市投資，就不可能不提到大麻產業。在我的國家加拿大，這種軟性藥物即將合法化的消息一出，帶動生產大麻的公司股價飆漲。

當時，我不斷說這些投資長期來看幾乎沒有成功機會，很多人都用不可置信的眼神看著我，彷彿我有兩顆腦袋。他們堅信自己找到了致富的獲利公式。每個人認識的某個鄰居或親戚，在幾個月內靠投資這類產業的股票賺到了2倍、甚至3倍的報酬。

當時，跨國大麻公司Tilray的股票在紐約那斯達克交易所的價格超過148美元。幾年後，這支股票的價格甚至連買一包零食都不夠，股價已跌破4美元。

由此可見，想要挑中改變世界的公司以投資未來，其實並沒有那麼容易。

即使是看似合乎邏輯、能保證致富的投資，最終也總是會令人失望。

在新冠肺炎疫情初期，當全球陷入恐慌時，沒有人知道疫苗是否能成功研發，更別說能否生產足夠的疫苗以保護整個族群。

想像一個有遠見的投資人，預見到一間跨國製藥公司（例如輝瑞，Pfizer）將能在破紀錄的時間內生產出疫苗——而這正是後來發生的事情。

如果這位投資人在疫情初期以1萬美元買進輝瑞的股票，一年後這筆投資的價值將增至11,900美元，因為數百萬人正排隊等著接種該公司的疫苗。

但若在同一時間用1萬美元買進星巴克的股票，這間公司在疫情期間關閉數百間門市，一年後這筆投資的價值反而達到14,200美元。報酬率比輝瑞還高出20%。

這正是投資令人沮喪之處。

只要談到讓人興奮的股市投資，我總會想到作家柏頓・墨基爾（Burton Malkiel）的一句名言：「千萬不要從一個氣喘吁吁的人手裡買東西。[10]」巴菲特也有類似的看法：「要小心會引起熱烈掌聲的投資；最好的投資通常只會令人哈欠連連。[11]」

巴菲特指出，那些在酒吧閒聊、媒體焦點和當時熱門股中被忽略的無聊公司，往往能在股市中創造驚人獲利。

2000年代中期，達美樂披薩（Domino's Pizza）在紐約證券交易所上市。自那時起，股價漲幅已成為近幾十年來最耀眼的案例之一——如果你在當初投入1萬美元買進達美樂披薩的股票，15年後，這筆投資的價值將超過37萬美元。

想像一下，如果我們能帶著這項資訊，坐上時光機回到達美樂披薩上市的那一天，對家人和朋友說：「我知道該投資什麼！你應該買達美樂披薩的股票！」

可能會被他們嘲笑。投資人才不想聽什麼披薩，他們想要的是生物科技、鋰電池和大麻股票。

然後，得到和這些股票一樣的結果。

那麼專業投資人呢？

專業投資人真的能在市場上獲得驚人的長期報酬嗎？

在絕大多數情況下，答案是否定的。而且，我手上有資料可以證明這一點。

過去20多年來，總部位於紐約的金融資訊公司標普全球（S&P Global）每年都會發布兩次備受期待的《標普指數與主動管理報告》（S&P Indices Versus Active Report），簡稱SPIVA。

SPIVA報告專門衡量主動式管理基金的表現，並與美國及全球整體股市的績效進行比較。簡而言之，這份「成績單」可以讓我們看到，專業投資人是否真的能比別人更早發掘市場上的璞玉，並建立能打敗大盤的投資組合。這就像是他們的期末成績單。

這份報告之所以有意思，在於它是中立的，且比較的是同類型標的。在網路上很容易找到這份報告，但我相信許多專業投資人與客戶見面時，根本不會提到它。

SPIVA於2000年中的報告顯示，過去1年，美國大型股基金中有55%的績效落後標普500指數；過去3年，有86%的基金落後大盤；而在過去10年內，90%的基金績效都落後於標普500指數[12]。類似的結果也發生在中型股與小型股基金上，而成長型基金的績效則是更糟糕——這些基金本來應如其名稱所示，帶來「成長」才對。

解讀標普 500 指數

我在本書中盡量避免使用令人眼花撩亂的金融術語縮寫，但有些術語還是無法完全避免。所以我在此大致說明一下。

當我提到美股的績效時，指的是標準普爾 500 指數，這是最具代表性的指數。它涵蓋在紐約證券交易所與那斯達克證券交易所上市的美國 500 間最大企業，其中包括蘋果、谷歌等科技巨頭。標普 500 的報酬率相當驚人：即使計算市場崩盤、股災、調整期和其他不利因素，自 1957 年以來，這 500 間公司的價值每年平均成長近 12%。舉例來說，如果在 1957 年投資 1,000 美元於標普 500 指數，那麼到了我撰寫本書時（2021年），這筆投資的價值將接近 150 萬美元。是的，你沒看錯！

如果想投資這個指數，投資人必須透過金融機構買進。這些機構提供名為「指數基金」（index funds）的產品，包含標普 500 指數中的所有股票。此外，還有「交易所交易基金」（ETFs），與指數基金持有相同的股票，但交易更加靈活，且通常管理費極低。

至於「大型股」、「中型股」與「小型股」這些術語，則是用來區分公司的市值大小：市值超過320億美元的稱為大型股，介於20億至100億美元之間的為中型股，而市值在3億至20億美元之間的則屬小型股。

這些資料清楚地顯示，專業管理的基金中，只有不到十分之一能夠長期打敗大盤。請注意，這些基金都是由產業的專家所管理，而這些人受過專業訓練，投入整個職業生涯，並擁有普通投資人無法取得的資訊與資源。

當然，仍有部分投資組合經理人，如莫尼許・帕布萊，多年來成功打敗大盤。有些人未來仍會繼續保持輝煌的戰績，有些人的報酬率可能下滑，有些甚至會嚴重落後大盤。

我不知道帕布萊在馬頭控股崩盤時是否損失慘重，但我認為可能性不大。他的投資組合很少將超過10%的資產押在單一公司，這種策略讓他能夠避免毀滅性的虧損。或許在鋅價暴跌以及工廠建設問題讓公司陷入困境導致股價崩盤前，他就已經賣出持股了。

我只知道，如果當時我也被這顆「稀世珍寶」迷住，那麼今天我會變得更窮。

年輕人會儲蓄錢，但很少投資

18 至 34 歲的年輕成年人投資的可能性，比其他年齡層更低。根據安大略證券委員會（Ontario Securities Commission）的一項研究，五分之四的年輕人有儲蓄習慣，但只有二分之一會投資於資本市場。在這個年齡層中，68% 表示他們有其他比較重要的財務目標[13]；66% 認為自己存款不足，無法投資；59% 認為缺乏投資知識；57% 擔心在市場中虧損。

魁北克儲蓄投資局是否成功擊敗市場？

那麼，機構投資人的報酬表現如何呢？這些規模龐大且備受尊敬的機構，擅長從全球最頂尖的大學招募最優秀的畢業生，擁有強大的研究與分析工具，以及驚人的投資實力。

以魁北克儲蓄投資局（CDPQ，以下簡稱投資局）為例。這間機構擁有超過850名員工，總部位於蒙特婁市中心一棟宏偉的鋼鐵與玻璃建築。魁北克儲蓄投資局管理超過2,850億美元的資產，是全球規模最大的退休基金之一。

投資局的歷年投資紀錄非常好。在成立的55年間（1965到2020年），平均年報酬率為8.5%。[14]如果你在1965年向投資局投資1萬美元，55年後這筆資產的價值將超過88萬美元。

這樣的成長看起來令人驚嘆、非常傑出……除非你將它與股市指數的表現相比較一下。

從1965年至2020年，一個多元化的均衡投資組合，包含60%的美國、歐洲和新興市場股票，以及40%的債券（第4章將討論債券），其報酬將遠高於投資局：1萬美元的投資，到今天將成長為160萬美元。

這個例子並不是為了批評魁北克儲蓄投資局，畢竟投資局在投資策略上受到各種限制。我的目的在於說明：要打敗大盤是非常困難的。

事實上，與投資局一樣傑出的機構還有很多。美國各大學的捐贈基金，同樣也面臨與市場報酬競爭的挑戰。

根據美國全國大學與學院財務主管協會（National Association of College and University Business Officers，NACUBO）的資料，資產規模超過10億美元的大學捐贈

基金過去10年來的平均年報酬率為8.9%。相較之下，標普500指數在同期間的年均報酬率為13%，而一個更為保守、配置75%股票與25%債券的投資組合，年均報酬率也超過10%。

即使是經常被譽為近年來績效最佳的大學捐贈基金——普林斯頓大學基金，其管理團隊採取積極進取、偏向股票的投資策略——過去10年來的年均報酬率也只有10.6%，仍然落後標普500指數。

就算是普林斯頓大學這樣績效最優秀的捐贈基金，在10年內也只是將1萬美元變成略低於22,000美元；與一個均衡的投資組合相較，報酬更是少了近4,000美元。

那麼，為何這些名校的捐贈基金會有這樣的報酬呢？

為了證明管理團隊的高薪和優厚福利是合理的，他們需要產生新穎的投資想法，進行深入的研究，且最終提出大膽的投資決策。

一次性投資還是定期買進？

如果你剛獲得一筆遺產或一筆可觀的金額，可能會思考應該一次性全部投資，還是分批投入市場比較好？

回顧過去150年的歷史可以發現，北美市場大約每3年中有2年是上漲的。從統計角度來看，資金在市場中的時間愈長，成長的可能性就愈大。因此，解決這個問題的方法是一次性投資整筆資金……而且要記住，市場隨時可能下跌。

如果你對一次性投資感到不安，可以建立一個簡單的分批投資機制。舉例來說，分成4個月投資，在每個月的第一天投入25%的資金。

有些投資會帶來報酬，有些則不會，而有些選擇甚至可能是災難性的。幾年前，哈佛大學的捐贈基金便曾投資全球各地的農地。

根據一份對這項策略的深入報告顯示，哈佛的農地投資「為基金經理人與商業夥伴帶來了意外的收穫，但以大學的投資策略來說，卻是一場失敗。[15]」這支備受批評的基金在該投資過程中損失超過10億美元。

哈佛的基金經理人並非無能，其實正好相反，他們是最優秀的投資人之一。但就算是最優秀的投資人，也很少能夠連續多年打敗大盤。

標普全球的資料似乎證實了這一點：截至2021年12

月31日，過去10年內，有高達83%的機構投資人，在扣除費用後的報酬低於標普500指數[16]。

華爾街之王

幾乎所有的專業投資人和機構投資人都無法超越市場的長期報酬，但那些華爾街之王呢？

這些身價數百萬、數十億的投資大師，其使命就是為富有的客戶創造驚人且令人羨慕的報酬，他們一定擁有某種神奇的投資手法，不然人們為什麼願意把錢交給他們管理？

我說的是那些管理避險基金的人。這些基金可以投資於各類資產與策略：股票、土地、未上市企業、貨幣、金屬，任何標的都可以。他們的唯一目標，就是在控制損失的同時將報酬最大化。

伊德瑪投資（Idema Investments）的總裁兼投資組合經理人伊恩．加斯孔（Ian Gascon），在完成財務、管理和工程學的學業後，曾在紐約親自接觸許多這類投資人。當時他任職於一間大型金融機構，負責機構投資組合管理工作。

加斯孔在一次訪談中解釋說：「我必須研究他們的投

資策略，以及他們的操作方式。最後我發現，這些被吹捧為世界上最精明的投資組合管理者，這些賺取數百萬、甚至數十億的專業人士，其實長期下來並沒有創造多少額外的價值。他們只是在經營一個龐大的行銷機器罷了。」

這讓我想起紐約的基金經理人──大衛．安宏（David Einhorn）。他從零開始，在2000年代初期非常成功。其公司綠燈資本（Greenlight Capital）在最初10年的平均年報酬率高達26%。

如此績效自然會吸引關注，他的投資天賦使他成為名人。安宏在40幾歲時，已成為億萬富豪，但他凍齡的外貌讓他看起來年輕了10歲。他甚至被《時代雜誌》（*Time*）評選為全球百大最具影響力人物之一。

《華爾街日報》（*The Wall Street Journal*）曾報導，客戶對於能夠讓安宏管理資金感到非常幸運，因此選擇忽略他某些爭議性的行為，例如他與客戶溝通冷淡、態度疏遠；他與所投資企業的執行長發生衝突；他常在曼哈頓的派對上徹夜狂歡。

但後來發生了突如其來的變化：安宏不再賺錢了。

綠燈資本的資產規模，從2014年的120億美元驟降至2022年的12億美元，這是績效不佳與客戶撤資的結果。

「（安宏）很固執，」一位前客戶告訴《華爾街日報》。「他無法承認自己犯了錯，讓我很抓狂。[17]」但是2022年時，安宏又創下了驚人的績效，所以誰知道他未來又會如何？

經濟學家柏頓．墨基爾在其著作《漫步華爾街》（*A Random Walk Down Wall Street*）中，分析美國頂尖基金經理人數十年來的績效。他指出，基金經理若在某個10年內大放異彩、被媒體吹捧、客戶爭相投資，往往會在接下來的10年表現跌至平均水準之下。

墨基爾寫道：「只要存在平均值，就一定會有部分基金經理表現優於大盤。但某個時期的好績效，無法預測下一段時期是否依然能夠成功。」[18]

巴菲特的賭注

在2000年代中期，巴菲特下了一個賭注：沒有任何金融專業人士能夠挑選出5支避險基金，在接下來10年內的平均績效能優於標普500指數。

一般人可能以為基金經理人應該會躍躍欲試，藉此機會向世人證明自己的投資能力，以公開擊敗這位著名的億萬富豪。但這個賭注並未獲得廣泛響應。只有一位投資人──Protégé Partners的泰德．塞德斯（Ted Seides）挺身而出，接受挑戰。

結果，在10年期滿後不久，塞德斯承認失敗。他精心挑選的這些基金，年均報酬率僅為2.2%，而標普500指數同期的年均成長率則超過7%。這場賭局的獲利最終捐贈慈善機構。

塞德斯賭輸，並不只是因為運氣不好。根據瑞士信貸（Credit Suisse）對9,000支資產規模至少5,000萬美元的基金進行的分析，在1994年至2021年間，避險基金經理人整體上未能擊敗標準普爾500指數。

如果你在1994年向這些基金投資10,000美元，現在這筆投資的價值將為59,000美元；但如果當時只是投資於標普500指數，則現在的價值將達到135,000美元。[19]

那麼，避險基金的報酬為何如此不佳呢？

避險基金有個不為人知的小祕密，那就是絕大多數基金在成立幾年後便會關閉，而且往往是在遭受災難性虧損之後。研究人員分析近6,000支避險基金，發現其中只有1,200支左右能夠存續整整22年（共同基金業界也經常採取類似做法，即關閉表現不佳的基金——第8章將進一步探討這個問題）。[20]

巴菲特扼要地指出：「當華爾街的基金經理人管理著數兆美元資金並收取高額費用時，通常獲得巨額收益的是這些經理人，而不是客戶。」[21]

選擇贏家

長期來看，要打敗標普500指數極其困難，原因在於表現異常優異的股票非常稀少。

亞利桑納大學的研究人員曾對1926年至2016年間，在紐約證交所上市的25,000多間企業進行一項研究，結果顯示，市場的所有獲利幾乎來自於其中的4%。其餘96%的公司不是報酬率為零，就是報酬率甚至低於一個月期國庫券（Treasury Bills）——這是公認最安全的投資工具。[22]

「這段話需要一些時間來消化。」美國投資管理公司Nintai Investments LLC的常務董事兼投資長湯瑪士・麥克弗森（Thomas Macpherson）坦承地寫道。

麥克弗森指出，打敗大盤非常困難，這完全顛覆了投資業人士長期以來反覆強調的基本觀念。「這項研究發表後，獲得你可以想像得到的整個業界熱烈關注……。要找出那4%能帶來長期成長的股票，實在非常困難。」[23]

如果我請你選出那些未來能推動投資組合成長的少數企業，你會選擇哪些？

你很可能會選擇蘋果、谷歌、微軟、特斯拉或亞馬遜。但問題就出在這裡。

這些大企業未來很可能持續表現良好，但也因為全球數百萬投資人早已看好它們，這些預期已反應在股價上。因此，這些股票未來的成長幅度可能不如過去那般驚人。

它們會是未來幾十年推動市場上漲的那4%的股票之一嗎？沒有人知道。

我們唯一確定的是，市值最大的企業很少能長期保持領先地位。舉例來說，請看看2003年與2023年美國股市中，市值前十大的企業對比：

除了微軟與艾克森美孚之外，2003年那些不可或缺的企業，到了20年後幾乎都已不再位居榜首——而20年對

S&P 500 指數中市值最大的企業

2003	2023
1. 奇異電器	1. 蘋果
2. 艾克森美孚	2. 微軟
3. 微軟	3. 亞馬遜
4. 花旗集團	4. 字母公司（谷歌母公司）A股
5. 輝瑞	5. 波克夏海瑟威B股
6. 嬌生	6. 輝達
7. IBM	7. 特斯拉
8. 寶僑	8. 字母公司C股
9. 美國國際集團	9. 艾克森美孚
10. 沃爾瑪	10. 聯合健康集團

投資人而言，是一段不算長的時間。2003年市值最高的企業——奇異公司（General Electric），甚至曾一度瀕臨破產，如今僅排名標普500的第85名。

因此，在試圖建立一個由「贏家」組成的投資組合時，投資人應該格外謹慎。每個時代都有它的贏家。

如果我們總能選中對的公司，那些將成為市場主要的企業、在每個人的生活中都無所不在的公司，該有多好……。這正是下一章的主題。

第3章

與其挑選飆股，不如買進整個市場

你的這幅畫會像你開始的所有其他事情一樣，最終一事無成。你不是一名藝術家。

——H. G. 提斯帝格（H. G. Tersteeg），
荷蘭藝術經紀人，對文森．梵谷所說的話

想像一下，假設你每年都能靠挑選世界上最優秀的自行車手來賺錢。

這個遊戲的規則讓你可以採取兩種策略之一。

第一種方式是，每年嘗試預測哪3位運動員會登上環法自由車賽的頒獎台——這是世界上最艱難、最具聲望的自行車賽事。你可以分析選手的年齡、之前比賽的成績、是否有傷、在山區或平地比賽的表現等數據，來作出判斷。

如果預測正確，就能大賺一筆，財富成倍數成長。但若車手中有一人或多人比賽狀態不佳，或是必須中途退賽，或是有某些籍籍無名的年輕選手突然殺出重圍、站上頒獎台，那麼你的資金就會縮水。

第二種策略是完全忽略這一切，每年直接選擇環法賽的「主車群」（peloton）。對於不熟悉自行車比賽的人來說，「主車群」是比賽中主要的騎行隊伍。車手們聚在一起騎乘，在空氣動力和其他方面都能取得優勢。

如果選擇「主車群」，你隊伍裡可能不會有任何選手上台領獎，畢竟贏得比賽的是那些成功從主車群中突圍的選手。

但你的隊伍裡幾乎一定會包含世界上最優秀的車手——這些人極有可能以驚人的速度完成比賽，遙遙領先於那些無法跟上隊伍的選手，無論這些落後者是名氣不夠、實力不足，還是缺乏毅力。而且你也不需要知道自己選擇的車手名字，因為主車群總是處於有利位置。狀態不佳的車手會自然被淘汰，而未來的明星選手則會陸續加入。事實上，許多未來的主車群成員現在可能還未誕生。

如果選擇「主車群」，你的資金將會成長。雖然不會一夜之間增加一倍，但長期下來會穩步成長，並產生複利效應。

那麼，在這兩種策略之中，你會選擇哪一種？哪一種在10年、20年、30年後的投資成績會更好？

這是一個每位投資人都必須思考的問題。

在投資方面，第一種選擇是嘗試自己選股（或是將資金交給他人，代為選股）。這就像挑出會有出色表現、能登上頒獎台的公司，或是具穩定性或其他優勢、足以脫穎而出的公司。

第二種選擇，則是押注於「主車群」，也就是投資指數基金（Index Funds）。

指數基金和ETF——為投資人努力工作

指數基金和交易所交易基金（ETF）是一類持有數百甚至數千間上市公司股票的投資工具。

買進這類金融產品時，投資人就成了這些公司的共同股東。由於所涵蓋的企業橫跨科技、零售、銀行、運輸等多個產業，這種投資方式能夠自動分散風險，避免將全部資金押在單一產業或公司，進而降低因個別表現不佳而遭受巨大損失的風險。

目前最受歡迎的指數基金，無疑是那些追蹤特定股市中大型企業表現的基金。在美國，規模最大的指數基金通常是追蹤華爾街主要指數——標普500指數。

指數基金和ETF是類似的產品，但兩者仍有幾項主要差異。指數基金每天只在交易結束時計價一次，而且只能透過基金提供商（如富達〔Fidelity〕或先鋒〔Vanguard〕）買進。而ETF則可像股票一樣交易，價格每一秒都會變動，投資人可透過券商帳戶輕鬆快速地交易。

指數基金和ETF的一大優勢在於，它們就像所追蹤的指數一樣，會定期進行成分調整。舉例來說，一間陷入困境的公司若市值下跌，最後可能被踢出標普500指數。這正是重機製造商哈雷（Harley-Davidson）曾經歷的情況：因銷量大幅下滑，最終被指數排出在外。

相反的，年復一年不斷成長的公司，例如特斯拉，隨著市值逐步升高，最後會被納入標普500指數。換句話說，如同環法賽的主車群，這500間企業的組合會根據市場狀況不斷變化和調整。

一間公司能不能大幅超越標普500指數？可以。但若要長期透過這種方式獲利，就必須能夠準確挑選出未來幾十年內將帶來卓越表現的公司，而這些企業每年都會變動。你真能年復一年、持續幾十年準確預測這些公司嗎？

正如我們在前一章中所見，試圖進行這類預測的風險極高，而成功的機率極低，這也是為什麼幾乎所有投資人最終都無法超越指數基金或ETF的績效。

共同基金 vs. 交易所交易基金（ETF）

共同基金（Mutual Funds）是將眾多投資人的資金集中起來，並使每位投資人擁有該基金資產的一部分。此類基金由專業經理人管理，經理人多半隸屬於銀行或其他金融機構，根據各種投資目標（例如保值或增值）進行個別投資決策。

而交易所交易基金（ETF）則是將某個股票市場指數中的所有股票，或市場中某一產業（如零售、能源等）集合起來的基金。ETF 並非由經理人主動管理，因此費用相對低廉。

指數基金和ETF的另一大優勢，在於其費用率（expense ratio）通常非常低。費用率是指基金公司每年向投資人收取的費用。而這兩種投資與共同基金不同——共同基金所投資的股票是由經理人挑選。

共同基金的年度管理費用可能介於投資價值的0.5%至2.0%之間，而指數基金和ETF的費用通常低於0.2%，有時甚至低至0.03%。

乍看之下，支付1%或2%的費用似乎很合理，畢竟我們在購買其他產品時支付的營業稅率還更高，不是嗎？為何要在意區區1%或2%的費用呢？

雖然在投資初期，支付0.03%和2%的年度費用率之間的差距並不明顯，但長期下來，這樣的差距會像大峽谷般巨大。正如本書後續將說明的，費用率的差異可能很容易侵蝕掉超過50%的預期投資報酬。

金融業的商業模式，很大程度上是透過共同基金向客戶收取各種費用。因此，當指數基金或ETF這類更具競爭力的投資產品出現時，金融業對此其為反感，對他們來說，ETF就像一杯葡萄酒裡的一隻大蒼蠅。

投資專業人士對指數基金的抗拒並非新鮮事。事實上，這類反對意見在指數基金尚未誕生之前，就已經存在了。

一個「瘋狂」的想法

第一位公開提出指數基金概念的人，很快就成了金融界的笑柄。

美國經濟學家柏頓·墨基爾在1973年，41歲時出版了《漫步華爾街》（*A Random Walk Down Wall Street*）一書。他在書中揭露，金融專業人士在為客戶建立投資組合、試圖打敗大盤方面有多麼無能——換句話說，就像我們之前舉的例子一樣：試著每年挑選出3名能夠登上環法自由車賽頒獎台的選手。

墨基爾擁有非常好的資歷——他持有哈佛大學的MBA，並在普林斯頓大學獲得經濟學博士學位。他計算後得出結論：對投資人來說，最好的投資策略是買進一種沒有人會特意去建立的基金。這是一支「被動式」基金（就像環法自由車賽的主車群車隊），它就只是複製並追蹤主要股市指數的成分股和績效，例如標普500指數（S&P 500）。由於該基金的操作是自動化的，只需一個極小的團隊來管理，所以可以比由分析師和基金經理人管理的共同基金少收80%到90%的年費。

但是墨基爾的建議才剛發表，就遭到猛烈抨擊。一名華爾街的專業人士在金融雜誌《商業周刊》（*BusinessWeek*）撰寫評論，稱《漫步華爾街》是他「所讀過最垃圾的東西」。

「華爾街對這本書的反應非常冷淡。」多年後，墨基爾在《動物精神》（*Animal Spirits*）播客節目中回憶道。「人們認為我的想法『瘋了』。（他們覺得）顯然應該讓專業人士來管理投資組合。」[24]

在那之後2年，約翰．柏格（John Bogle）於1975年時建立了指數基金的雛形。他畢業於普林斯頓大學經濟系，父母則在經濟大蕭條期間失去了一切。

柏格在自己成立的投資公司先鋒集團旗下推出一支基金，這支基金只是投資於標普500指數中的500檔成分股。

當年46歲的柏格設定了一個目標，希望能募集1.5億美元資金來啟動這支新基金。然而，由於市場反應冷淡，最終只募集到1,100萬美元。這支基金多年來被嘲笑者稱為「柏格的蠢事」（Bogle's Folly）。

墨基爾回憶道：「完全失敗了。柏格遭到非常多批評。因為這支基金後來運作順利，所以應該算是成功的；但是從行銷的角度來看則是失敗。它有很長一段時間都只是一支規模很小的基金。」[25]

人們對指數基金的一大批評是，這種「被動投資」模式「不夠美式」。批評者認為，美國人的投資方式應該是積極承擔風險，在市場上爭取驚人的報酬，而不是在比賽還未開始就選擇放棄打敗大盤的可能性。

美國資產管理巨頭富達（Fidelity）的一位董事長曾表示，他「無法相信」大多數投資人會滿足於只獲得「平均」報酬——但這種說法極具誤導性。因為長期獲得市場的平均報酬，往往能帶來壓倒性的財富成長，而這種成長幾乎無法被超越，正如我們即將看到的。

柏格本人並不在意自己珍視的想法遭到冷淡回應。「批評的聲音愈多，我愈堅信自己是對的，」他在多年後回憶道，「我就是這樣一個反向思考者。」[26]

指數基金花了多年才逐漸被投資人接受。而當投資人開始接受指數基金後，便再也沒有回頭。

先鋒集團如今已成為全球最大的投資管理公司之一。柏格創立的這間公司，現在為來自170個國家的3,000萬名投資人管理超過7兆美元的資產。

其年營收接近70億美元——也就是說，每管理1,000美元的資產，公司收入僅為1美元。先鋒的公司架構設計，使其所有獲利都用於降低年費，進而將獲益回饋給投資人。

柏格在《約翰柏格投資常識》（*The Little Book of Common Sense Investing*）中寫道：「我們的任務仍然是：在未來的歲月裡，從企業所提供的報酬中賺取我們應得的合理比例。」他接著說：「……指數基金是唯一能夠保證我們實現這個目標的投資方式。」[27]

約翰·柏格於2019年辭世，享年89歲。在他漫長的一生中，他經常告誡投資人，不要為了讓投資組的績效更好、資金成長更快，而頻繁調整投資組合。

他寫道：「別以為自己比市場更聰明，沒有人能做到這一點。也不要根據那些你以為是自己的獨到看法做決策，因為通常數百萬人都有同樣的看法。」

巴菲特最仰慕的人之一就是柏格，只要有機會，便會強調柏格對金融行業的革命性影響。巴菲特曾寫道：「如果有一天要為對美國投資人貢獻最大的人樹立一座雕像，那麼毫無疑問，這個人應該是柏格。」[28]

墨基爾的著作《漫步華爾街》現已出版至第13版。自1973年該書首次發行以來，標普500指數（含股利）已累計上漲超過12,000%。假設某位投資人在那本書發行當天（當時尚未有能複製標普500指數的基金）投資1萬美元於一檔假想的標普500指數基金，到了今天，這筆投資的價值將達到120萬美元。而這一切只是讓市場自行運作，投資人什麼都沒做。

過去半個世紀以來，墨基爾一直致力於推廣被動投資。如今，他比以往任何時候都更加堅信，無論是自主管理的投資人，還是專業投資人，都應該將資金投入這類金融產品。

「投資人支付的費用愈低，他們留在口袋裡的錢就愈多。」墨基爾說道。「我對此深信不疑。約翰・柏格曾說過：『在投資的世界裡，你沒有支付的，就是你賺到的。』現在的我比以往任何時候都更認同這句話。」[29]

逐漸廣為人知

最早採用我們今天所知的被動投資策略的投資人之一，是一位名叫理查・莫林（Richard Morin）的加拿大投資組合經理人。

1991年，理查·莫林投資於全球首支成功的ETF——多倫多35指數參與基金（Toronto 35 Index Participation Fund），簡稱TIP。

30多年過去了，他仍然沒有賣出這筆投資。

「我從不賣出投資組合中的任何東西。」他微笑著解釋道。

理查·莫林身材高瘦，擁有像演員勞勃·瑞福（Robert Redford）稜角分明的臉龐，在蒙特婁的郊區長大。他的父母育有5個孩子，努力維持在中產階級最底層的生活。他的父親在一間次級貸款公司——家庭金融（Household Finance，後來被滙豐銀行收購）——擔任經理，專門向被銀行拒絕的客戶提供貸款。

「我父親的典型客戶，是想要借200美元買電視機的人。」莫林說道。「如果對方無法還錢，公司就得去把電視收回來。我父親討厭他的工作，但這工作能維持家裡的開銷，還給他提供不錯的退休金，讓他能夠安享晚年。」

在麥吉爾大學（McGill University）攻讀MBA時，莫林在布告欄上看到一則關於蒙特婁證券交易所（Montreal Stock Exchange）實習生的徵才啟事，於是提交申請並獲錄取。

「我當時對金融一無所知。那則徵才啟事改變了我的人生。」

莫林在蒙特婁證券交易所工作了11年。後來他接受邀約，前往管理模里西斯證券交易所（Mauritius Stock Exchange），並負責在西非阿比尚（Abidjan）成立一個區域性證券交易所。之後，他又擔任巴基斯坦證券交易所（Pakistan Stock Exchange）的執行長，在當地生活和工作了將近兩年。

在擁有2.1億人口的巴基斯坦，莫林發現投資人數僅約25萬人。當地的財富由精英階級世代相傳，普通人難以參與。

「巴基斯坦證券交易所在投資人保護上面臨巨大挑戰，當時市場由少數幾間券商壟斷。我們的任務是讓股市投資民主化，其中一個方式就是推出該國歷史上首支ETF，並強化投資人保護基金。」

莫林是在1990年代徒步瑞士阿爾卑斯山時，萌生了這個想法：創辦一間投資組合管理公司，並專注於投資指數ETF。

當時了解ETF的人很少，因此他的夢想花了好幾年才得以實現。

如今，理查．莫林擔任亞契資產管理（Archer

Portfolio Management）的總裁。這是一間專門以指數基金和指數ETF建構多元化、可節稅的投資組合的公司，團隊包含8名財務顧問，為約700個家庭管理3億美元資產。

「我們的平均客戶擁有大約40萬美元的投資組合，我們會根據共同決定的投資組合，將100%資金配置於股票和債券ETF上。」莫林說道。「我們必須確保彼此投資理念契合。有時候，如果客戶的投資理念不同，而我知道他們未來不會滿意我們的服務，就會婉拒合作。」

對於亞契這類公司而言，莫林認為最主要的挑戰是如何讓更多人知道它們的存在。在這個以交易量主導的產業中，大型金融機構大量投放廣告，占據了絕大部分的市場。

「一般投資人根本不知道，世上還有像我們這樣的公司。」他說道。

主動管理 vs. 被動管理

主動式投資組合管理需要人為干預：投資人（或代表其行動的人）會進行股市買賣，以實現特定目標，例如快速成長，或在市場風暴中得到更高的穩定性等。

被動式管理則由市場主導：一旦選定投資組合，投資人（或負責為其操作的人）便完全不再干預。要注意的是，持有指數型ETF並不一定表示採用被動管理方式：許多投資人仍會根據自己對市場走勢的預測進行ETF買賣，而這種行為通常會導致較差的長期報酬率。

突破性進展

透過指數基金或指數型ETF進行的被動投資，如今比以往任何時候都更受歡迎，而且發展迅速。幾十年前幾乎沒有這類產品，目前已占美國所有受管理資產約50%、英國31%，以及加拿大13%。

為何美國比世界上大多數市場更早完成這樣的轉變？

專門為客戶管理低成本ETF投資組合的Idema Investments總裁伊恩．加斯康（Ian Gascon）表示，許多國家採用被動投資的最大障礙是市場結構問題。

他解釋：「許多國家的投資產業由大型金融機構主導，這些機構根本不希望所有資產都轉向超低成本的投資方案。比起年費僅0.2%的ETF，對金融機構而言，年費

2.5%的共同基金獲利能力更高，因此ETF很少被推薦給客戶。」

這種制度為何會持續？

我認為，大多數人並不清楚自己是如何支付財務顧問或投資組合經理人費用，甚至連支付多少都不明白。許多人根本不在意。

即便一般投資人意識到，又能做什麼？轉換投資公司後，往往發現自己還是處於同樣的處境。

此外，變革之所以進展緩慢，部分原因在於投資人仍然渴望找到一位具備卓越眼光的專業投資經理人。

他們希望這位專業人士能點石成金，長期打敗大盤，或在市場低迷時保護投資組合。這種想法對投資人來說，並非不理性。

如果投資專業人士能夠說服我們在市場動盪時堅持持有，或鼓勵我們儲蓄、提高投資金額，確實能帶來很大的幫助。

但是資產管理產業非常擅長讓我們相信，他們擁有根本不具備的能力，並且說服我們其投資報酬遠高於實際水準（詳細內容將於第8章討論）。

投資管理人透過各種費用，在幾十年間從我們的投資中提取大筆資金，這種做法日益受到批評。這些制度是另一個時代遺留的產物——當時的金融界是一個由男性主導的小圈子，客戶沒有選擇的權利，也缺乏金融知識。

億萬富翁投資人史帝芬・賈里斯洛夫斯基（Stephen Jarislowsky）在其著作《投資叢林》（*In the Investment Jungle*）中感嘆道：「我們這個產業的客戶被剝削，而且不只是被投顧剝削而已。每個人都在設法盡可能賺到最多錢，而代價則是客戶的財富——包括盡可能收取最高費用。如果這個產業能夠少一些貪婪，多一些專業精神，所有人都能從中受益。」[30]

指數基金是否危險？

就像有句諺語說：「殺死一條狗的最好方法，就是告訴別人牠得了狂犬病。」一些金融專業人士警告客戶：遠離指數基金和ETF，因為「太流行了，所以風險極高！它們扭曲了市場！那是投機的工具！」

這些人會指出，市面上的指數基金和ETF供給已變得令人眼花撩亂，對於不熟悉投資的人來說確實難以選擇。他們卻避而不談一個事實：選擇一支基金其實可以非常簡單，第9章將進一步解釋。

他們接著堅稱，一些ETF「很危險」，因為這些基金靠「槓桿」，會放大或縮小市場波動。但是他們卻不說，這些小型、專門化的槓桿ETF，其實只有極少數投資人會使用。

業界的批評者還聲稱，投資於指數基金或ETF有高風險，因為它們的價值波動劇烈。在某些年份，追蹤標普500指數的基金可能上漲或下跌20%到30%，甚至更多。

但是這些批評者沒有提到一點，這些基金百分之百由股票組成，所以價格當然會波動！沒有任何人會建議一位害怕股市崩盤的保守型投資人，將所有資金都投入全是股票的投資組合中。這類投資人應該持有相當比例的債券資產，下一章將會詳細解釋這一點。

我能想像投資組合經理人和投資顧問坐立不安的樣子。他們會說：「沒錯！我們的共同基金和股票投資組合確實很少能打敗大盤。但這不是我們客戶要的！客戶想要的是夜裡能安心入睡，當市場開始下跌時能避免巨大虧損。這才是我們擅長的！」

這聽起來確實是一個有吸引力的論點，而總部位於紐約的財經資訊公司標普全球（S&P Global）幾年前就對此進行了深入分析。

該公司研究超過1,000支主動式管理的共同基金在長達14年內的表現，並得出結論：80%的美國共同基金以及65%的歐洲共同基金，其波動性都高於它們所投資的類股[31]。換句話說，這些專業的投資管理公司根本無法兌現「降低波動性」的承諾。

如果被動投資真的如此高風險又危險，那麼你可能得相信，這個消息並沒有傳到巴菲特的耳朵裡。這位奧馬哈的富豪曾公開表示，他在遺囑中指示遺產執行人，將他留給妻子的大部分資金投資於先鋒旗下一支追蹤標普500指數的指數基金。[32]

無論我們的投資形式是共同基金、指數基金，還是ETF，基本上都由兩大類主要資產構成：股票和債券。這兩者在投資組合中猶如陰與陽互補，不僅有助累積財富，也能在市場風暴來襲時幫助我們保持理性。

那麼，我們應該如何在股票和債券之間分配資產呢？下一章將探討這個問題。

第 4 章

投資股票是為了吃得好，投資債券是為了睡得著

讓一切發生在你身上
美麗的與可怕的
繼續前行
沒有任何感受是最終的。

——萊納．馬利亞．里爾克（Rainer Maria Rilke），
奧地利詩人與小說家

電話的另一端，是一位我童年時期的朋友。我們已經失聯多年，這次他突然聯絡我，約我到市中心一座金色的摩天大樓見面。

「我們來談談你的財務狀況。」他說。

這個提議讓我忍不住笑了——當時的我根本沒有財務狀況可言。我才20歲，正在念大學，在一間戶外用品店打工支付房租。我唯一的預算是啤酒錢。

這位朋友剛進入一間保險與投資公司，正在尋找客戶拓展業務。我不好意思拒絕，於是接受了他的邀請。

幾天後，他身穿西裝、打著領帶，在一間寬敞但空無一人、灑滿夕陽餘暉的會議室迎接我。我心想：「這場會面真是太荒謬了。應該是我問他有多少財產，而不是他問我。」

經過一個小時的討論後，我的朋友說：「尼古拉，我

覺得最好的選擇是開設一個退休帳戶。你可以每個月提撥25元（譯註：此處貨幣單位應為加幣）。」

我很高興察覺這次會面即將結束，於是點頭同意。

他推了一張傳單到我面前。

「你想買哪一支基金？我們有一支股票基金……」

我立刻打斷他。

「我不想損失任何一分錢，」我告訴他，「一分錢都不行。」

於是，他將我每月的25元投資於一支貨幣市場基金。這是一種極為安全的基金，但報酬率低得甚至趕不上通貨膨脹。在投資公司每年扣除2%的資產管理費後，我不但沒有變得更有錢，反而變得更窮了。

儘管如此，我很高興當初開了這個帳戶，如今已由我自行管理。不過我也明白了，當時我們都只有20歲，那位朋友並沒有足夠的知識來為我提供正確的建議。

如果他真的懂投資，他應該這樣對我說：「尼古拉，你還年輕，人生可能還有70年。你完全可以忽略股市的短期波動，因為你的投資期限還很長。你應該將大部分資金投入股票基金，而且每個月持續投入，不必在意市場的漲跌。」

以我的年紀，應該存下多少錢？

這是一個頗具爭議的話題，而且存在許多變數。一位提撥至退休基金的教師，和一位自由業者的財務狀況，往往有著天壤之別。資產管理公司富達（Fidelity）曾公布一張表格，提供人們存錢與投資的參考方向。

富達假設我們從25歲開始，每年儲蓄並投資收入的15%，據此計算出這些數字。此外，在估算總資產時，需將現有退休基金的價值納入考量。

我應該累積多少資產？

年齡（年）	相當於年收入的儲蓄額
30	1x
35	2x
40	3x
45	4x
50	6x
55	7x
60	8x

資料來源：富達。

如何計算你的淨資產？

一個人或一個家庭的淨資產，簡單來説，就是所有資產的總價值減去所有負債的總價值。舉例説明，某人擁有一棟價值 45 萬美元的房子，以及 5 萬美元的個人退休帳戶（IRA），因此資產總額為 50 萬美元。同時，他還有一筆 27.5 萬美元的房貸和 2.5 萬美元的消費性負債，總負債為 30 萬美元。因此，其淨資產為 20 萬美元（50 萬–30 萬）。

美國家庭的淨資產中位數與平均

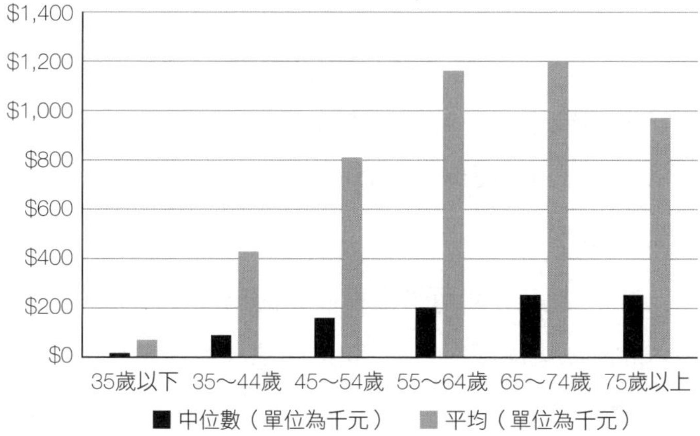

股票

我的朋友當時應該告訴我，一個平衡的投資組合至少應包含兩種資產：股票與債券。

股票代表的是對一間公司的部分所有權。當投資人買進股票，就等於擁有這間公司的一部分資產與收益權益。實際上，公司一部分的獲利會分配給股東。

股票的價值反映了一間公司的財務狀況。由於投資人關心的是未來，公司股票的價格也會考慮到其未來的獲利潛力。

自 1602 年即成立

股市通常讓人聯想到現代經濟，但其實股票交易早在塑膠、電晶體和電力被發明之前的數個世紀就已經開始運作。

世界上第一個可供買賣股票的市場，成立於17世紀初的阿姆斯特丹。第一間按照這種標準運作的公司是荷蘭東印度公司（Dutch East India Company），在長達近 200 年的時間裡，這家企業一直是全球最強大的貿易公司之一。

當時亞洲與歐洲之間的航運貿易雖然獲利豐厚，但風險極高——成功返航的船隻能帶來巨額收益，可是許多船隻卻因風暴、疾病或海盜攻擊而無法返航。建立股份公司的構法，就是為了讓多位投資人共同分擔航運的風險，同時分享獲利。

荷蘭阿姆斯特丹最富有的商人之一——德克・汎歐斯（Dirck van Os），於 1602 年 8 月與他人合夥創立這間公司。公司成立的第一個月，就有 1,143 人成為股東。當時投資人若想交易公司的股票，必須親自前往汎歐斯的房子——位於現在阿姆斯特丹紅燈區一條狹窄街道上。後來交易活動轉移到全新的阿姆斯特丹證券交易所大樓進行。該交易所於 1611 年開幕，成為世上第一個具備現代證券交易市場特徵的股市，包括每日高頻率的交易，以及允許投資人自由投機操作。

現在的股票市場允許投資人在買進股票的當天就賣出，這種行為稱為當沖（day trading）。市面上有許多關於當沖交易的書籍、課程和研討會，也有完整的線上生態系統，專門教導人們如何當沖賺錢。也許你曾聽過某位鄰居或親戚信誓旦旦地說，他靠這種方式發大財。

然而，研究結果顯示，當沖交易的風險甚至比在賭場玩輪盤還要高[33]。我認為，投資人應該不惜一切代價遠離當沖交易。

除了當沖之外，也有許多人會在持有股票幾個月後再賣出。

但頻繁交易是否能提高投資報酬率呢？

其實正好相反，殺進殺出往往會降低投資績效。許多研究顯示，交易頻率與投資報酬率呈反比。一項針對超過65,000名美國投資人的研究發現，那些殺進殺出的投資人，其平均報酬率只有交易頻率較低者的一半。[34]

簡而言之，正如投資界流傳的一句老話：投資組合就像一塊肥皂——使用得愈頻繁，縮水得愈快。

在股市中，最好的投資策略是讓股票長期為我們工作，最好是持有數十年。

回顧歷史，北美和歐洲的股市平均每10年有7年是上漲的。換句話說，雖然有3年可能帶來虧損，但長期看來，投資人的勝率仍然非常高。

然而，單週、單月甚至一整年來看，市場走勢幾乎無法預測。例如，紐約證券交易所某一年可能上漲22%，隔年卻下跌9%，再過一年又上漲14%。

股市會一直上漲嗎？

不一定。但如果要預期股市會進入永久崩盤的狀態，那就表示：星巴克（Starbucks）無法再靠賣咖啡賺錢、蘋果賣不出 iPhone、微軟產品沒有人使用、谷歌不再有人投放廣告、沒有人開豐田汽車……。這幾乎表示我們所熟知的世界終結。

如果真的發生這種情況，我的首要任務應該是生存，例如尋找柴火取暖，而非擔心我的投資組合。

為了說明經濟與股市的關係，投資人雷夫．萬格（Ralph Wanger）提出了一個生動的比喻：主人與牽著繩子的狗。

故事是這樣的：想像一下，股市就像一隻興奮異常的狗，主人拉著長長的牽繩，牠則不停地四處亂嗅、到處亂跑。

而狗的主人，則代表整體經濟。他正在紐約市散步，從哥倫布圓環穿過中央公園，一路走向大都會美術館。狗狗這一秒鐘可能往左、下一秒可能往右，完全無法準確預測牠的移動路徑。

但是長期的方向絕對沒有疑問——這隻狗會隨著主人，一起往東北方向前進，速度約為每小時3英哩。

萬格總結道：「最驚人的是，幾乎所有關注股市的人，目光似乎都緊盯著那隻狗，而不是主人。」[35]

投資你的房屋頭期款？

將打算用於房屋頭期款的資金投入股市，是個好主意嗎？如果你預計在5年內使用這筆錢，就不該拿去投資。如果這麼做，你可能會在市場恐慌時期或恐慌過後被提領資金，而這時投資價值已經縮水。在這麼短的時間內，最好的做法是將資金存放在一個安全的投資工具中，例如高利儲蓄帳戶。

債券

由於投資人對股市波動的耐受度有限，因此一個均衡的投資組合至少應包含另一種資產：債券。

購買債券的本質，是將資金借給某個借款者（可能是政府或企業），而對方承諾在未來某個時間點還款，並且支付利息。

在債券這方面，借款人的信用評等非常重要。被認為最安全的債券，通常是由美國政府或其他已開發國家政府所發行。政府公債一般認為很安全，這是因為政府不同於企業，擁有徵稅權，因此能夠募到國家運作所需的資金。

債券提供固定收益，利息以現金形式支付給持有者。由於利率變動會影響債券價格，所以最穩定的債券大多是期限較短的債券，例如1至5年期的債券（第9章將討論最佳債券ETF的選擇）。

由於政府債券由政府擔保，風險較低，因此報酬率通常也低於股票。正因如此，許多投資人認為債券沒有價值，因為它們不會讓我們變得富有。

然而，持有債券的最大優勢，能協助我們讓股票投資穩定發揮作用。

當股市大跌時，那些「無聊的」債券通常比股票更穩定，能夠讓我們保持冷靜。它們就像錨，讓投資組合在市場風暴中保持穩定。在通貨緊縮（物價下跌）時，債券也能維持價值並保護我們的資產，這種情況在上個世紀曾多次發生。

正如一句老話所說：「投資股票是為了吃得好，投資債券是為了睡得著。」

值得尊重的羅斯個人退休金帳戶

對一些人來說，最讓人不舒服的聲音是指甲刮黑板的聲音；對另一些人來說，是牙醫鑽牙的聲音。對我而言，則是聽到類似這樣的話：「我一直想開個羅斯個人退休金帳戶（Roth IRA），但還沒有時間去開戶。」

不，不對！羅斯個人退休金帳戶應該是我們首先要做的事，其重要性與呼吸、刷牙一樣高。這是我們個人的避稅天堂，應該要尊重它。

畢竟，聯邦政府可不是每天都會給我們這種機會：允許每年投資6,500美元（如果年滿50歲，則為7,500美元，而高收入者則有些限制），並對其成長提供永久的免稅待遇（只要我們在59歲半後提款）。

一旦資金存入羅斯個人退休金帳戶後，便可以自行選擇如何投資：股票、債券、ETF……。

59歲半後提撥的資金不會計入應稅收入，因此無需繳稅（但若提前領出，則需繳納10%額外稅金，外加該金額的一般所得稅）。

一名20歲的年輕人若每天提撥5美元至羅斯個

人退休金帳戶，並投資於美國股市，假設他獲得的是歷史平均報酬率，那麼到了 60 歲時，他將擁有接近 150 萬美元的免稅資產。這只是每天存 5 美元的成果！當然，很少有人真的這樣投資——但本書的目的是要讓更多人採取這種投資方式。

很多國家也有類似的免稅投資帳戶。在加拿大，這類帳戶稱為免稅儲蓄帳戶（TFSA，Tax-Free Savings Account）；在英國則是股票與投資ISA（Stocks and Shares ISA）。這些帳戶甚至比羅斯個人退休金帳戶更靈活，因為投資人可以隨時提領資金，無需支付任何罰款（編按：台灣目前無免稅投資帳戶，但自105年度起停徵證所稅，若為海外投資的獲利，則併入海外所得計算，超過新台幣100萬須申報，750萬內免稅〔此為113年度的額度門檻，實際額度依規定調整〕；股利所得合併各類所得依規定計算綜合所得稅額，股利所得之8.5%得抵減綜合所得應納稅額，但每一申報戶上限為8萬元）。

股票與債券

如何在股票與債券之間分配資產？

要讓你的股票與債券投資組合能應對市場不可避免的風暴，其中一個有效的方法是評估你對投資價值下跌的承受能力。

這個評估方法並不完美，因為想像投資價值下跌的百分比與實際經歷投資價值下降的金額，感受上是不同的。想像投資組合下跌20%可能感覺還可以接受，但當你親眼看到價值50萬美元的投資組合中有10萬美元蒸發時，可能會感到震驚，儘管這兩者其實是同一回事。此外，一場股市暴跌可能意味著經濟正在陷入危機，而你的工作也可能不保。

世界上恐怕沒有比「投資虧損，同時又沒有固定薪資」更令人焦慮的情況了！（當然，也不是完全沒有轉機：1882年巴黎證券交易所崩盤時，一位名叫保羅．高更〔Paul Gauguin〕的股票營業員，眼看自己可觀的薪資收入消失，便決定辭職去追尋他的全新熱情——繪畫。）

我在以下表格中示範的是，在投資組合中加入債券，始終可以有效降低投資組合的波動性：

債券配置與投資組合波動性

我可以接受投資組合最多__%的跌幅，以換取更豐厚的長期報酬	我的投資組合中債券的配置比例
40% 35% 30% 25% 20% 15%	10% 20% 30% 40% 50% 60%

在《約翰柏格投資常識》[36] 中，指數基金的先驅、先鋒集團創辦人約翰．柏格指出，一個好的起點是以50%股票、50%債券作為資產配置的基礎比率。接著，我們可以根據自身對市場波動的承受度調整比例，例如：如果較能接受市場波動，可採用80%股票、20%債券的配置（80/20）；若較重視穩定性，則可選擇20%股票、80%債券的配置（20/80）。

更精確地說，柏格建議：年輕投資人採用80%股票／20%債券，職業生涯中期的投資人為70%股票／30%債券，剛退休者為60%股票／40%債券，年長退休族群則是50%股票／50%債券。

此外，如果投資人擁有由雇主提供的退休金方案，也應將這項資產納入風險承受能力的考量範圍。由於這類退休金可確保投資人在未來獲得穩定的收入，因此在投資組合中能發揮類似債券的作用，投資人便可承擔較高的風險，也就是提高股票的配置比例。

如果你對如何分配股票與債券的比例感到困惑，也不用擔心：就連擁有約8,000萬美元淨資產的約翰・柏格，晚年時也對這個議題感到猶豫。

88歲的柏格（在他去世前一年）曾這樣寫道：「我的整體投資組合大約是50%指數型股票與50%債券。我對這個配置感到滿意。但老實說，我有一半的時間擔心自己持有過多股票，剩下的一半時間又擔心自己持有的股票不夠……。說到底，我們都是凡人，在無知的迷霧中前行，只能根據自身的環境與常識來決定合適的資產配置。」[37]

如果我有負債，還能投資嗎？

這要視負債的種類及其對應的利率而定。如果是房貸，只要負債水準在合理範圍內（房貸總額不超過家戶稅前年收入的2.5倍），那麼這筆負債就不應該妨礙我們投資。但若是信用卡債務，則應優先還清卡債再投資，因為當你支付信用卡的高額利息時，不僅自己無法變得更富有，反而是在幫助發卡銀行變得更富有。

如果我已經提撥至退休基金，還需要投資嗎？

許多擁有良好退休金方案的人，例如公共服務工作者，可能會想知道，除了薪資自動扣繳的部分之外，是否還有必要額外儲蓄和投資？對這個問題的答案是：是的，原因如下。

我們都認識這樣的人：想在 60 歲（或者 55 歲，甚至 50 歲）退休，卻因退休金方案的限制而無法提前退休。這種情況下，當事人對自己的處境並不滿意……

另一方面，如果我們多年來儲蓄並投資一部分薪水，而這些投資的報酬又足以支撐生活，我們就會擁有選擇的自由：可以選擇何時離職、從事兼職工作、轉換職業領域，或是提前退休等。從這個角度來看，不儲蓄、不投資，不只是錯失致富的機會，更是讓別人來決定我們如何度過餘生。

你是否熱愛工作，甚至覺得退休後會無聊？「沒問題！」理財部落格「金錢鬍子先生」（Mr. Money

Mustache）的作者、知名投資人彼得．艾德尼（Pete Adeney）告訴我：「不論如何，你還是應該實現財務自由。這樣一來，你就能純粹為了好玩而工作，甚至可以談判更好的工作條件——例如，不出席無止境的會議，並且完全專注於你最熱愛的工作部分。」

我比傳奇投資人約翰．柏格過世時年輕了43歲，所以對於股市的波動不太介意。我試圖按照75%股票與25%債券的公式來管理家庭資產，如此配置可以提高長期成長的可能性，同時確保在市場下跌時，我的投資組合能保留部分價值。

但這並不是一門精確或完美的學問。最重要的是，找到令我們自己感到安心的資產配置方式。

地圖與領域

熟悉本書目前所介紹的投資知識，對學會如何正確投資而言非常重要。但光是知道這些資訊，並不代表我們就能成為優秀的投資人，就像會看地圖並不表示我們已經成為冒險家。

問題在於，當我們談論財務投資時，情緒往往會失控。這正是我對投資產生興趣的原因，也是促使我寫這本書的動機。

我們以為投資是在談論金錢，但其實談的是懷疑、希望、快樂、遺憾、恐懼、他人的意見、安全感、自尊心……這些才是使投資如此引人入勝的真正原因。

影響未來投資報酬的最重要因素，絕對是我們的行為模式。這正是接下來幾章的重點，而第一個問題看似不尋常：為什麼醫生的投資績效這麼差？

第 5 章

投資績效最好的，是忘記自己有在投資的人！

簡單可能比複雜更難。你必須努力整理自己的思維，讓它變得簡單。

——史帝夫・賈伯斯（Vincent Morin），

蘋果公司共同創辦人

如果我請你舉出幾種能讓人致富的職業，你很可能會立刻回答「醫生」。

大家都知道，家醫科醫生的收入不錯，而專科醫生的收入則更高。

但是我要告訴你一個祕密：許多醫生其實並不富有。

他們之所以沒有致富，在於他們不是好的投資人。

> 如果你想知道對你財務未來的最大威脅，那就回家照照鏡子吧。
>
> ——喬納森・克雷蒙（Jonathan Clements），財經作家

美國、英國、加拿大和澳洲的內科醫生，通常預期自己會在60歲左右退休，但實際平均退休年齡接近69歲。[38]

近期一項研究指出，除了其他因素外，「財務負擔」

是他們繼續工作的原因之一。「對醫生而言，退休儲蓄比許多其他職業更加重要，因為多數醫生屬於自雇者，缺乏穩定退休收入來源，例如公司退休金。」[39]

一位在離婚後陷入財務困境的醫生朋友曾表示，她知道如何投資。她說：「如果我真的需要錢，會去買生技股。我就在這個產業裡，所以應該很簡單。」

我試著向她解釋，買生技股是一種投機行為，根本算不上投資計畫，但我的話完全沒有效果。她禮貌地聽著，但我始終無法說服她。

財經作家、前美國證券交易員丹・索林（Dan Solin）在職業生涯中研究過數千個投資組合。他寫道：「我見過最糟糕的投資組合，大多來自醫生和牙醫。」

為什麼？丹・索林指出，這些專業人士賺得多，因此誤以為自己有能力選擇對的基金經理人，從而使財富增加好幾倍並能保障退休生活。[40]

成功人士往往將金融市場視為一種能夠辨別並獎勵投資人優越能力的工具。拿破崙曾說：「人就像數字，只有當他們處於適當的位置時才有價值。」擁有顯赫地位確實帶來許多優勢，但其中並不包括成為優秀的投資人。

其實，非常聰明的人經常是糟糕的投資人。財經記者艾莉諾・萊斯（Eleanor Laise）曾研究過這種現象，她追蹤門薩（Mensa）組織的投資團體15年的股市報酬率。該組織成員智商達132以上，也就是說他們比世界上98%的人還要聰明。

但是門薩這些聰明絕頂的投資人所選擇的投資，每年報酬率僅2.5%，而同期標準普爾500指數的年成長率則達15.3%。[41]

美國億萬富翁投資人查理・蒙格如此總結：「我想人們認為，只要是聰明又努力的人，就能成為優秀的投資人。我認為，任何聰明人都能成為不錯的投資人，並避開一些顯而易見的陷阱。但我不認為每個人都能成為卓越的投資人，或是厲害的西洋棋手。」[42]

快速致富

但是，有時投資人確實能做出好決策，並看到投資帳戶裡的金額迅速增加。

所以我想把這一章獻給最優秀的投資人——那些想要透過選擇能「打敗大盤」的股票，將1.5萬美元變成4.5萬美元，或將15萬美元變成45萬美元的人，而且還希望這件事不用等到白髮蒼蒼才辦到。

感謝你讀到這裡，這個過程或許不完全輕鬆有趣。

如果你就是這樣的人，那麼我建議（除非你已經這麼做了）計算一下你的投資組合績效。

我使用免費的「Portfolio Visualizer」網站來完成這項計算。在「回測投資組合」部分，你可以輸入股票的公司名稱，選擇起始日期，然後將你的績效與大盤進行比較。

我有些朋友買進個股，而且本來以為自己能打敗大盤，但是當他們做了這項計算後卻感到驚訝：雖然在短期內確實打敗大盤，但長期下來，他們的績效其實是落後大盤的。在他們的記憶中，他們過度放大了自己獲利的交易，卻低估了那些普通甚至糟糕的交易。

這項練習可能突顯了一個關於股市投資的重要真相：成功不是以幾年來衡量的，而是以數十年來計算的。

大多數人希望自己的投資能夠立刻賺錢。如果你短期內打敗大盤，你可能會認為「我是對的」。

但是投資成功與否，並不是你在幾個月或幾年內是「對的」來決定的。

財經作家、《華爾街日報》專欄作家傑森・茲威格（Jason Zweig）寫道：「要實現長期財務目標，你必須在整個投資生涯中持續且可靠地做出對的決策。」

茲威格舉例說，假設一名駕駛要前往130英哩外的城市。「如果遵守65英哩的速限，兩個小時就可以到達。

但如果以時速130英哩開車，只需要一個小時，如果我這麼做並且成功了，這樣算是『對的』的嗎？因為『有用』，就應該這麼做嗎？」[43]

茲威格的意思是，投資於看似有前景的公司或基金，並期望獲得驚人的報酬，就像拿著好幾袋黃金和一把正在轉動中的電鋸，然後玩拋接雜耍。當你接住一袋黃金時，你會覺得自己無所不能。但是不用太仔細想就會知道，那把正在轉動的電鋸遲早會鋸斷你的手掌。

萬無一失的方法

20世紀最偉大的投資人之一是班傑明・葛拉漢。他在1949年出版的《智慧型股票投資人》（*The Intelligent Investor*）至今仍是暢銷書，被譽為投資界的聖經。葛拉漢是紐約哥倫比亞大學的教授，而他的得意門生之一，是後來成為傳奇投資人的華倫・巴菲特。

葛拉漢曾推廣一種被稱為「菸屁股」的投資策略。這種方法是主張買進被市場冷落、前景黯淡、不受關注的公司股票。

這些股票的價格很低，在葛拉漢看來，股價實在太低了。因此，他的策略是低價買進，等到價格稍微回升後便賣出。這種投資方式就像是在街上撿起菸屁股，雖然很髒而且不吸引人，但還是能再吸上幾口。

巴菲特早期曾成功運用這套策略，但隨著上市公司分析工具的改進，公司的真實價值更容易反映在股價上，這類策略也逐漸過時。

後來，數百種其他投資方法相繼問世。

其中一種便是投資首次公開發行新股（IPO），也就是有前景的新創公司開始在公開市場上交易股票。

然而，IPO這種高調的活動，通常只是讓公司創辦人有機會為自己的努力賺取數百萬美元。

可惜的是，這種令人振奮的方法很少真正替投資人創造很棒的獲利。

根據美國財務規劃師協會針對此主題所做的一項研究顯示，長期下來，首次發行新股的公司每年會落後大盤約2%至3%。[44]

該研究的作者大衛・祖克曼（David Zuckerman）寫道：「買進新股票比較像是在買樂透，而不是在投資穩賺不賠的標的。如果你的目標是打敗大盤，那麼大多數新上市的股票其實會拖累你，而非幫助你。」[45]

而其他方法，例如技術分析，看起來好像很厲害。這種方法的核心是解讀一系列股票指標，以預測其走向並從中獲利。

一項針對美國、英國、德國和義大利股市的研究指出，技術分析的整體報酬率比隨機選擇的股票組合還要差。[46]

同樣地，這裡的教訓是：對能「打敗大盤」萬無一失的選股方法若感到太興奮，就會很危險。沒有任何選股方法是萬無一失或永遠有效的。

無論如何，做好投資並不需要非常聰明，而是需要正確的行為。其中之一，就是要有耐心。

高報酬的誘惑

我們說，不要去動投資，要讓它自己賺錢。但我所看到的投資人都辦不到。

有些親友能夠建立一個指數型 ETF 投資組合，定期拿儲蓄加碼，然後就不再去理它了。當市場發生大波動時，我問他們有什麼反應，他們回答：「我什麼也沒做。我知道市場下跌了，但我根本不去注意它。」

但也有比較難的情況。一位朋友擁有一個平衡型的指數 ETF 投資組合，但是當他看到蘋果或特斯拉等股票大漲，自己的帳戶價值卻不斷波動，就會忍不住。

每次我聯絡他，他都說自己又調整了投資組合。

他一開始把資金轉給一位朋友推薦、收費偏高的投資組合管理人，但對結果不滿意，後來又轉給一名擁有更輝煌紀錄、專收高淨值客戶（其中一些是名人）的專業人士。然後他又被一位「聰明且理性」的朋友吸引住，這位朋友正在開發一款「能夠每月創造10%報酬」的投資演算法。但是到目前為止，這些演算法都還沒有被開發出來。

這位朋友到底能不能不要再亂轉移他的投資？無論我如何用邏輯、論點和統計數字試圖說服，他總是會被新的、誘人的東西吸引，重燃對快速致富的希望。

我曾針對這個話題，和另一個人費了不少功夫深談過一次。

這個人年近50歲，沒有退休基金也沒有房地產，從開始工作以來只存了3萬美元。他的目標是讓這筆錢迅速成長，實現財務自由，盡快停止工作。

「我了解指數ETF和長期投資的好處。」他告訴我。「但我的目標是獲得高報酬。以我的年紀和資產規模，沒有時間可以浪費。我不想投資之後每年只賺1,500美元，我想讓資產增加3倍。我知道有90%的投資人無法打敗大盤，但我相信只要夠努力，我可以成為那10%的成功者。」

這位投資人主要投入所謂的「雞蛋水餃股」（每股交易價格低於5美元的高風險公司股票），以及一些迷幻藥產業類股，例如LSD（搖腳丸）、K他命、迷幻蘑菇及其他高波動性的邊緣產業。

他從3年前開始投資股市，將所有交易成果計算後，整體是虧損的，並且承受了非常大的壓力。但在同一時期，一個分散投資的指數ETF組合已上漲30%。

我對這位投資人深表同情。當我們開始每天關注股市、閱讀部落格、認真投資時，感覺有點像站在人行道上，看著酒吧窗戶裡一場盛大的派對。裡面的人光鮮亮麗，手裡拿著酒杯，一切看起來似乎都很順利。我們渴望參與其中，尤其是這場派對看似近在咫尺、伸手可及。

但是當我們決定進去時，才發現原來自己不是站在酒吧窗戶前，而是站在麥迪遜廣場花園的曲棍球場上。突然間，那些優雅的派對客人變成了身高六英尺（約183公分）、全速滑行的防守球員，他們直衝而來，準備撞倒我們並奪走冰球。

在經歷3年的虧損後，那位焦慮不安的投資朋友逐漸看清現實。但他還是想繼續嘗試。

「你在追逐海市蜃樓，」我說，「你的目標是致富，但你的行為卻在阻礙你。」

如果我們晚一點才開始投資，會遇到一個陷阱，那就是試圖透過追逐爆炸性的報酬以彌補之前尚未投資的日子——但這些報酬根本無法持續、無法預測，還會帶來遭受毀滅性損失的高風險。

40多歲或50多歲才開始投資的人，確實處於劣勢，但他們也有一些優勢。

通常，這個年齡層的人比20幾歲時賺得更多，因此有能力存更多的錢。他們或許還能在稍後獲得一筆遺產（美國中產階級的平均遺產超過10萬美元），這可以增加資產基礎。

此外，你的投資生涯並不會在65歲時結束。50歲的人可能還會在市場中投資40年甚至更久。

在我們的對話中，我建議這位焦慮的投資人停止投機，並增加儲蓄。如果將這筆錢分散投資，那麼投資就能為他工作一輩子，也能將日後對自己財務決策的遺憾降至最低。

他聽著我的話，但我能感覺到他沒有聽進去：高報酬的誘惑占據了他所有的心思。我最後只是祝他好運，結束了這場對話。

最佳做法

這個人的行為並不少見。即使是對股市歷史瞭若指掌的投資人，或是已經理解並應用本書概念的人，一段時間下來也可能偏離這些原則。

個人理財部落客文森・莫林（Vincent Morin）曾解釋，雖然他非常清楚自己的指數ETF投資組合比較有可能帶來良好的長期報酬，但他還是轉向選股策略。

「我賣掉（指數ETF）的原因有幾個，其中之一是投資比較「好玩」（真是糟糕的理由！），我選擇了成長型或波動性較大的股票。」[47]他寫道。

這種投資方式讓他獲得了一些短期勝利，但也遭受了一些損失，「其中一筆損失非常巨大。」這次震撼讓他回到了原來的策略。「我們是從錯誤中學習的。希望這些錯誤的代價不會太高。」他說道。[48]

這位投資人能夠進行如此自我分析，確實令人佩服。許多人根本不會去計算如果他們選擇最佳做法，而不是試圖打敗大盤，他們的資產表現會如何。

金融作家兼投資人安德魯・哈勒姆（Andrew Hallam），同時也是《我用死薪水輕鬆理財賺千萬》[49]（*Millionaire Teacher*）一書的作者，幾年前了解到這一點，並決定出售他價值超過100萬美元的整個投資組合，轉而投資於指數ETF組合。

安德魯最初的股票投資組合經過仔細的（有些人會說是近乎瘋狂的）分析，比許多專業經理人的研究都還要透澈。

安德魯寫道：「如果我對某一間公司感興趣，我會去買它過去10年的財報，然後逐字閱讀，從最後那些最『精彩』的部分開始（訴訟、拖欠稅款等）。股利成長、營業額增加、淨利水準……這些只是開始。我通常會花很長時間做出買進決策，而且通常是在沒人願意買進時才出手。」[50]

股利是免費的錢嗎？

股利是公司每季將部分獲利返還給股東的款項。我們可能會覺得這是「免費的錢」，因為股利通常會以現金形式直接匯入投資帳戶。

有些投資人似乎對股利特別著迷，認為這是一種無需賣出資產就能獲得收入的便利方式。但股利並不是憑空而來。就等於放棄了利用這筆資金升級設備或開發新產品的機會。一旦公司為了取悅股東而發放股利，未來可能會被選擇將獲利用於業務發展的競爭對手超越，而後者的股價可能因此上漲，反映出更有利的前景。此外，公司股價通常會在發放股利前就下跌至與配息後一致的金額[51]。長期看來，沒有證據顯示發放股利的公司，其報酬表現會優於不發放股利的公司。

安德魯的投資組合多年來成長速度高於大盤，但他認為自己主要是因為運氣好。

「自尊心告訴我留住這些股票，但理智告訴我該賣掉股票，轉向全股票指數基金。」

經過多年的思考和猶豫，安德魯終於下決心賣出（當時他住在新加坡，而新加坡不對資本利得課稅，所以執行起來沒有那麼痛苦）。

他說：「當我終於決定這麼做時，我必須快速行動。有一個星期的時間，我覺得很空虛。」

促使他採取行動的原因是，他計算出若繼續持有個股，將損失多少潛在收益。如果未來20年，他的股票表現每年比市場指數低1%，那麼他的「自尊」將讓他損失40萬美元——也就是說20年下來，複利每年少了1%。

有些人認為他仍有可能每年超越大盤1%，多賺到40萬美元。對於這些人，安德魯的回應是：全球最頂尖的投資組合經理人就算願意付出一切，也很難實現這種報酬。他說：「機率並不大。」

資本利得稅的各種類型

如果我們出售已上漲的股票投資，是否需要繳稅？

需要繳納的稅額，要視我們持有投資的帳戶類型而定。

舉例來說，在個人退休帳戶（IRA）中（這是最受退休儲蓄者青睞的選擇），稅款只有在我們從帳戶中提領出資金時才需要支付，前提是領取時年滿59歲半。領取的金額將完全計入當年的收入。如果是存在羅斯個人退休帳戶中，在選擇從帳戶中領取資金時無需繳納任何稅款，條件同樣是年滿59歲半。

那麼，如果我們出售普通投資帳戶中的投資獲利呢？人們對這種類型的帳戶有某種迷思：有時我們會覺得，投資賺到任何一塊錢的獲利（也就是資本利得）都會被政府榨乾。但其實只要有耐心，我們的投資通常是可以節稅的。

美國的資本利得稅分為短期和長期兩種。短期資本利得稅率適用於買進後一年內就賣出的金融產品，在出售後，所有資本利得都會直接計入當年的收入。

另一方面，長期資本利得稅率適用於持有超過一年的投資。這類資本利得的稅率可能是 0%、15% 或 20%，實際的比例要視當年的收入而定。

舉例來說，如果某人以 2,000 美元出售了一項投資，而這項投資是以 1,000 美元買進並持有超過一年，那麼這個人將實現 1,000 美元的資本利得。他最多需要支付 20% 的聯邦稅，也就是 200 美元。這位投資人仍可保留 2,000 美元中的 1,800 美元。這是聯邦稅率——許多州也會對資本利得課稅，但通常比普通收入稅率低。有些州則完全免稅，包括阿拉斯加、佛羅里達、新罕布夏、內華達、南達科他、田納西、德州、華盛頓和懷俄明州。

無限視野

賽門・西奈克（Simon Sinek）在其著作《無限賽局》

（*The Infinite Game*）中，區分了生活中的短期勝利與來自長遠目光的持久利益，他將後者稱為「無限視野」（infinite vision）。

「儘管擁有無限、長期視野的行動方式有很多好處，但這並不容易做到。」西奈克寫道。「這需要真正付出努力。人類天生傾向於尋找能立即解決不適問題的方法，並優先考慮快速勝利來推進野心。我們習慣將世界視為成功與失敗、勝利者與失敗者的對立局面，這種預設的勝負模式在短期內或許奏效，但長期下來可能會帶來嚴重後果。」[52]

同樣地，成功的投資也需要長期視野——而投資領域往往沒有終點線。當然，幾個月內獲得60%的報酬令人興奮；但除非你已經病入膏肓，否則你的投資時間範圍絕對不只是幾個月而已。

這也是為什麼當有人告訴我，他們在股市中短短幾個月或幾年內獲得驚人報酬，或是剛透過某間小型公司的股票大賺一筆時，我總是不知道該說什麼才好。

追求高報酬並非壞事。只不過，獲得爆炸性獲利有點像是在馬拉松比賽的第八英哩就衝到最前面。這真的是我們所追求的嗎？如果我們在比賽途中崩潰，那麼整體投資的紀錄就會變得非常糟糕。

試圖透過追求超額報酬來快速致富，還會讓我們忽略一個關鍵的真相，而且即便是最有經驗的投資人也常常誤解這一點——獲得「平均」報酬（市場平均報酬）並不表示你是普通的投資人。事實上，如果能夠多年穩定地獲得市場平均報酬，反而是投資界的重量級冠軍。

乍聽之下，這種說法似乎不合邏輯。看到投資的價值某一年上漲18%，下一年跌5%，再下一年回升9%，可能會讓人覺得投資沒有明顯的進展。

確實如此……至少短期內看起來是這樣。

但經過10到15年的投資後，會開始發生某種奇妙的現象：儘管投資只是以「平均」速度成長，其價值波動卻開始以每年數萬美元計算，接著是每月、每週，甚至每天數萬美元。市場本身的波動並沒有變大，是複利效應開始顯現了。

複利（compound interest）是指「從利息賺取利息」。這種成長方式並非線性，而是指數級的。我們從投資中獲得的利息會產生新的利息，而這些新的利息又會進一步產生更多利息……。

這讓我們不禁聯想到馬歇爾．帕尼奧爾（Marcel Pagnol）筆下的經典法國小說《尚．德．弗洛黑特》（*Jean de Florette*）。小說的同名主角尚．德．弗洛黑特住在市區，繼承了普羅旺斯一個鄉村的房產，並希望在那裡開辦一座兔子養殖場。

鄰居烏戈林（Ugolin）對他說：「如果你從兩隻兔子開始，6個月後就會擁有超過1,000隻。如果讓牠們繼續繁殖，將會是一場災難——牠們就是這樣吃遍了澳洲。」

我們都希望自己的金錢能像《尚・德・弗洛雷特》中的兔子一樣繁殖。但6個月並不夠，我們需要好幾年的時間，才能看到兔子吃掉整個澳洲——這是指1859年時，人們為了狩獵而將13隻兔子引入澳洲，如今已繁殖至超過2億隻。（順帶一提，「利息」一詞在希臘文的意思是「後代」，意思是隨著時間和繁殖而倍增的牲畜。）

班傑明・富蘭克林：複利的大師

歷史上最成功運用複利力量的人之一，就是班傑明・富蘭克林（Benjamin Franklin）。他是政治家、科學家、白手起家的企業家，以及美國憲法的編纂者之一，富蘭克林用這句話來解釋複利的力量：「錢會賺錢，而錢所賺的錢又能賺到更多的錢。」

富蘭克林不是讓他的金錢增值50年、60年，甚至70年，而是長達200年。因為在臨終時，他要求執行遺囑的受託人將1,000英鎊（換算成今日的價值約20萬美元）投資於一檔基金，這支基金的收益將用來幫助波士頓和費城的年輕技術工人[53]。富蘭克林希望這筆投資在他去世後100年和200年這兩個時間點分批賣出。1890年賣出的第一筆基金收益被用來資助建立班傑明富蘭克林理工學院（BFIT），這是一所位於波士頓的技術學院，目前有超過500名學生就讀。1990年時，剩餘的投資當時已增值至650萬美元，被捐贈給富蘭克林研究所（The Franklin Institute），這是一間位於費城的科學博物館[54]。這個巧妙的安排向我們證明了一個道理：錢所賺來的錢，確實能夠繼續賺到更多的錢。

以下是以每年10%的成長率，對1萬美元初始投資進行複利計算的效果。每一行表示賺取額外1萬美元所需的年數，也就是與初始投資相同的金額（數值經過四捨五入，以便閱讀）：

$$\$10,000 \times 1.1 \times 1.1 \times 1.1 \times 1.1 \times 1.1 \times 1.1 \times 1.1 = \$20,000$$（7年）

$\$20,000 \times 1.1 \times 1.1 \times 1.1 \times 1.1 = \$30,000$（4年）

$\$30,000 \times 1.1 \times 1.1 \times 1.1 = \$40,000$（3年）

$\$40,000 \times 1.1 \times 1.1 = \$50,000$（2年）

根據這個例子，讓一個1萬美元的投資組合成長累積1萬美元需要7年；但當投資組合價值達到4萬美元時，累積相同的1萬美元成長僅需略多於2年。整體而言，從1萬美元的起始金額，在16年內成長至5萬美元，總報酬達400%。

身為投資人，我們的首要任務就是切記，使我們致富的是複利，而不是少數幾年因為恰好在對的時間和地點做出對的投資選擇。

複利需要時間來展現其獨特的力量。如果因為我們想投資某間小型生物科技公司以從中獲得令人興奮的報酬，或是因為市場下跌而賣出投資，導致複利過程中斷，這對我們都是非常不利的。

我最喜歡的一項關於這個主題的研究，來自資產管理公司富達投資。

據說，該公司的經營團隊想了解，在數百萬名客戶當中，哪些人的長期投資報酬的成長最佳。

結果顯示：報酬最佳的客戶，竟是已經忘記自己曾在富達投資開戶的人。[55]

複利，是投資成功的基石。如果我們不讓自己的投資盡早開始運作，並且盡可能長時間地發揮作用，那才要令我們感到害怕。

我並不是說我們這輩子都不該花錢，或是只有等到老了才會變得富有。我相信，在人生的整個過程中，我們必須在消費、儲蓄和投資之間找到平衡。我也相信，對多數人來說，這種平衡並未真正實現。我們的社會過於強調消費，卻很少關注儲蓄和投資。

理解複利的運作，是修正這種不平衡的方法之一。

說到財富，我們以為的捷徑通常只是幻覺。愈早意識到這一點，就能愈早加入真正脫穎而出的投資人行列，也就是不急於求成的人。

正如巴菲特常說的：「你不能讓九個女人同時懷孕，然後在一個月內生出一個孩子。無論天賦多高或多麼努力，有些事情就是需要時間。」

你能在18歲之前開始投資嗎？

為了讓複利效應達到最大，最理想的做法是盡早開始投資——最好從童年或青少年時期就著手。家長可以透過開設監管帳戶（custodial account），幫助孩子成為投資人。許多線上券商都提供這類帳戶，包括嘉信理財（Charles Schwab）、E-Trade 和富達投資等。在監管帳戶中，所有資產會以孩子的名義持有，並在達到法定年齡時轉由孩子自行管理。這個年齡通常是 18 歲，但根據不同州的法律，最高可達 25 歲。

投資中的勝利

複利的力量之所以這麼反直覺，在於人們很少將時間視為自己的盟友。

我們周圍的一切似乎都會隨著一段時間過去而貶值或衰退。幾年前買的那部令人驚嘆的電腦，現在開始變慢了；房子需要昂貴的維護來抵禦風雨；就連我們的身體也會逐漸衰老。然而，在投資領域，情況恰好相反——這是少數時間真正站在我們這一邊的領域。

我認為在投資時，「時間」的重要性經常被忽視。在這個產業裡，短期收益才是王道。投資人都希望今天、甚至最好是昨天就能獲得驚人的報酬。

諷刺的是，幾乎所有投資人的職業生涯一開始，都是先買進他們希望能飆漲的股票。這好像是入門的方式。

這也是投資組合經理人伊恩・加斯孔最初對股市產生興趣的方式。高中時，他決定買進人生中的第一批股票。

他說：「我被『讓金錢為我工作』這個想法深深吸引。我在一個手續費便宜的券商開戶，然後，和所有人一樣犯下錯誤。我當時有點天真……。我在買股票，但是並沒有真正了解自己在做什麼。」

加斯孔高中時曾參加一場股市模擬競賽，參賽者要管理一個虛擬投資組合。幾年後，他贏得該比賽的最高獎項。「這讓我對投資開始著迷。」

擁有金融碩士學位、管理學碩士文憑和工程學學士學位的伊恩・加斯孔，原本大可選擇投身於尋找股市中爆炸性報酬的投資策略。但他沒有那樣做。

相反地，如今他為客戶管理的是低成本的ETF投資組合。

他總結說：「關鍵不在於追逐耀眼的表現，而是持續不斷地投資。」

「我是對的」

投資之所以令人沮喪，是因為我們總覺得自己本來可以做得更好。如果是在市場低迷時投資，之後市場迅速上漲，就會懊惱當初為何沒有投入更多資金；若是在進場後後市場下跌，又會怪自己運氣不好，心想當初自己應該再等等。

這種情緒是普遍存在的。身為投資人，我們需要認識到這一點：我們總是可以做得更好。即使做對了，即使獲得不錯的報酬，還是可以做得更好。

投資幾乎註定會讓人失望——至少短期內是如此。

機會成本是什麼？

機會成本是指因做出某項決策而放棄的潛在財務收益。舉例來說，若一個人拿出10萬美元支付公寓的頭期款，就等於放棄這筆錢若投入股市可能獲得的報酬；或是一個持有大量現金的人，放棄了這筆資金原本可透過投資產生的獲利。

如果你已經投資了幾年，而且是在經過仔細而深入的研究後買進個股，那麼，當你讀到本書內容時，可能不會興奮得大聲歡呼。

我知道對某些投資人來說，買賣股票可能是一件令人興奮的事情。如果你也是這樣的人，我建議你撥出一小部分資產（例如5%或10%）進行操作。如果讓90%或95%的投資資產在指數ETF中穩定成長數十年是有幫助的，那麼這種方法就發揮了它的作用。

金融作家傑森·茲威格指出，投資這件事，其實是建立在一個巨大的誤解之上。他說：「如果你覺得投資令人興奮，那就表示你做錯了。」

投資應該是一個機械化、重複的過程，就像一座不需要人為干預的工廠。我們所做的任何改變，幾乎都可以確定是錯誤的。人們很難接受這一點。[56]

如果你總是忍不住關注新聞，認為認真投資至少應掌握最新的經濟數據、專家預測和市場趨勢，那麼接下來的章節正是為你而寫的。

第 6 章

別讓新聞影響你的投資決策

經濟預測的唯一功能，就是讓占星術變得更有尊嚴。

——約翰·肯尼斯·加布雷思（John Kenneth Galbraith），

經濟學家，多位美國總統的顧問

你參觀過巴黎的羅浮宮嗎？如果有的話，很可能曾經駐足欣賞〈蒙娜麗莎〉（編按：*Mona Lisa*，又譯為〈蒙娜麗莎的微笑〉）。

達文西在1507年創作的這幅傑作，是世界上最著名的畫作之一，這句話大家早已耳熟能詳。它同時也是最昂貴的畫作之一：根據保險估值，其價值接近10億美元。〈蒙娜麗莎〉無疑是大眾焦點：每年有1000萬名遊客造訪羅浮宮，其中800萬人表示，是為了一睹她神祕的微笑而來。

羅浮宮是世界上最大的藝術與古物博物館，擁有超過35,000件館藏，但〈蒙娜麗莎〉仍是大多數人最想親眼目睹的展品。

然而，很少人知道，〈蒙娜麗莎〉並非一開始就是羅浮宮的明星。它之所以受到矚目，源於一場發生在一個多世紀前、震驚歐洲乃至全球的竊案。

1911年8月20日星期日的晚上，3名男子潛入羅浮宮，並藏身於存放藝術品資料的儲藏室內。

次日清晨，博物館尚未開放時，他們取下〈蒙娜麗莎〉，拆除保護框架，並用一條毯子包裹畫作，然後悄無聲息地離開。

當天，警報並未響起，原因很簡單——沒有人發現畫作失竊。過了整整28個小時之後，一名正在為博物館內部作畫的畫家因未見到〈蒙娜麗莎〉感到不滿，並向館方抱怨，竊案才終於曝光。

〈蒙娜麗莎〉失竊的消息迅速登上全球各大報紙頭條。

《紐約時報》的標題寫道：「60名警探追查失竊的〈蒙娜麗莎〉，法國民眾憤怒不已。」數日後，博物館重新開放，民眾蜂擁而至，只為觀看牆上那幅曾經懸掛畫作的空白處。

〈蒙娜麗莎〉失蹤長達兩年多。後來其中一名竊賊——名叫文森佐．佩魯賈（Vincenzo Perugia）的男子——在威尼斯被捕，他不久前才將畫作交給一名藝術品經銷商進行鑑定。這名竊賊相當熟悉〈蒙娜麗莎〉——他當初就是負責為畫作製作玻璃保護框的人。他最後被判處8個月徒刑。[57]

毫無疑問，竊賊選擇這幅藝術價值極高、但當時知名度並不高的畫作，是為了更容易轉售。然而，這起案在媒體上的巨大迴響，卻讓這幅畫一夜之間成為羅浮宮的鎮館之寶。

〈蒙娜麗莎〉失竊事件的啟示是：一個好的故事足以改變世界。

傷害比助益更大

如果媒體的頭條新聞能創造出像蒙娜麗莎這樣的現象，那麼想像一下，這會對一個希望增加財富的投資人腦中產生什麼樣的影響。

幾乎所有投資人都會關注新聞，目的是搶得先機、了解市場狀況，並對未來的發展有所預期。

但從投資的角度來看，打開報紙或電視比較有可能讓我們變得貧窮，而不是富有。

如果緊密關注最新的經濟發展就能讓人致富，那麼記者早就是千萬富翁了。親愛的讀者，我告訴你一個祕密：記者並不是千萬富翁！

沒錯，經濟新聞確實很有趣，有些關於個人理財的文章也可能對我們的生活有所助益。

但知道波音的訂單比預期更好、Netflix 過去 3 個月內的歐盟訂戶增加了 500 萬，或是蘋果在中國市場舉步維艱，對身為投資人的我們而言，並沒有任何實質的幫助。

那些喊得最大聲的人，通常也錯得最離譜。以美國財經新聞頻道CNBC的明星主播吉姆．克萊默（Jim Cramer）為例，他多年來每天都根據市場和經濟狀況，向觀眾推薦應該買進或賣出的股票。

一般人會預期，擁有他這樣的專業知識和人脈，且幾乎代表華爾街形象的人，應該能成功超越標普500指數的績效。

事實上，他並沒有打敗大盤。一項數年前的研究顯示，吉姆．克萊默成立的基金在過去15年中的報酬率是65%，而同期標普500指數的報酬率則為70%。[58]

也就是說，克萊默投注了所有精力、數千次分析、無數次與關鍵人物的電話訪談，最終的結果卻是：投資人還不如直接買進追蹤美國500間最大企業的指數ETF。

每當市場下跌，媒體就會進入災難模式，接著我們就會被「華爾街血流成河」、「市場黑暗日」或「三個保護你資金的投資策略」這類標題轟炸。

投資人兼作家喬許．布朗（Josh Brown）在近25年的職業生涯中，經歷過多次市場循環。他的建議是：投資人如果還沒關掉手機上所有新聞應用程式的通知功能，請立刻這麼做。

「新聞應用程式的設計，目的就是要把你從手機主畫面拉回他們的平台——讓你看廣告，並追蹤、分析你的行為。」他寫道。「這些新聞並不是真正與你有關的資訊，而是誘餌，把你從生活中拉回他們的陷阱裡。所以，請關掉它。」[59]

他補充，擔心自己投資績效會受影響的人，反而最應該放下手機。

「你絕對找不到哪個投資人能夠靠著看新聞頭條來穩定獲利。沒有，連一個也沒有。這是不可能的，絕對是一個會讓人賠錢的方法。還沒明白這一點的人，最終會在回顧自己的投資成績時發現，他們讓自己成了笑話。」[60]

在這方面，我認為最具誤導性的文章之一，就是那些解釋為何某間公司的股價上漲或下跌的文章。

這類文章的標題通常是「美國銀行今天股價下跌，原因如下」，或「Netflix股價暴跌的三個原因」。

這類文章的語氣會讓讀者誤以為，作者早就知道股價會這樣走，現在是好心告訴我們原因。這進一步強化了人們對「市場走勢是可預測的」這種錯誤觀念。事實上，這作者根本不知道股票走勢如何。他們只是事後找個理由來解釋，目的只是為了吸引投資人點閱文章罷了。

糟糕的預測

新聞媒體最荒謬的影響之一，就是它們會做預測。

市場預測有點像我們呼吸的空氣——無所不在，但我們通常都沒有意識到。一位報紙專家信誓旦旦地說：「市場上漲過快、過猛了。」並建議我們在下跌時承接。新聞節目上某位專欄作家說某些產業或公司「即將」創下非凡的表現，並建議人們根據這個觀點來投資。

這些人可能不是這樣說的，但他們的行為傳達出一個訊息：他們試圖告訴我們未來會發生什麼。這就是所謂的預測，或是預報。

如果我早就知道市場短期的走勢，我才不會浪費時間在電視上談論這些。我會把每一塊錢都投入市場，以獲取最大報酬。每個人選擇的方式不盡相同。

班傑明．葛拉漢曾說，市場未來的預測之所以這麼多，並不是因為愈來愈多人擁有預知未來的特殊才能，而是因為數百萬投資人迫切想知道未來的走向。

「幾乎所有對股票感興趣的人，都希望有人能告訴他市場將如何變化。」他寫道。「既然有需求，必然就會有供給。」[61]

葛拉漢並不覺得他那個時代的專家預測有多準。但那畢境是幾十年前的事了。人們或許會認為，預測技術如今已經有所改善。我們擁有了先進的技術和資料，模型應該變得更加精細才對。

但可惜的是，未來仍然和過去一樣難以捉摸。

舉例來說，幾年前，投資管理公司先鋒在一項分析報告中寫道：「在接下來幾年內，我們預測最好的情況只是溫和，市場不太可能在未來5年內獲得強勁的報酬。」[62]

結果就在這項預測發表3年後，標準普爾500指數上漲超過70%。

哎喲。

同時，英國金融巨頭巴克萊銀行（Barclays）預測，標普500指數在接下來12個月內會上漲7%。結果在這段期間，標普漲了21%。

哎喲。

商業專欄作家喬・奇德利（Joe Chidley）幾年前在加拿大《國家郵報》（*National Post*）發表一篇專欄文章，描繪預測股市走勢的風險，但這麼做反而是自曝其短。

「聰明的投資人不會執著於可能發生的事，而是會透過分散投資、合理的資產配置與耐心，為任何可能發生的情況做好準備。」奇德利寫道。[63]

我完全同意這樣的智慧。可惜的是，這位專欄作家並未就此打住。「但事實是，現實世界中的投資人並不會這樣做。我們必須承認：每個投資決策中仍然帶有某種直覺、本能——甚至根本是賭博，無論結果是好是壞。」他補充，試圖為自己的觀點留後路，表示自己的預測「完全無法保證會實現」。

接著，這位財經專欄作家向讀者分享他的「直覺」：美國股市漲得太快、太多，未來幾年將迎來漫長而痛苦的下跌。他最後總結，與華爾街不同，多倫多證券交易所才是未來一年值得投資的市場。

結果3年後，美國股市上漲了100%——標普500指數漲了一倍。而相較之下，加拿大股市的漲幅只有美國股市在該篇專欄發表後12個月內漲幅的三分之一。

哎喲。

這些糟糕的預測不只是趣聞軼事而已。美國投資研究機構CXO Advisory Group曾分析，美國主要財經報紙上68位專家在8年內發表的6,584則股市漲勢預測，結果顯示這些專家的預測準確率僅有47%，甚至比擲硬幣的隨機結果還差。[64]

「無論是大投資人還是小投資人，都應該堅持選擇低成本的指數基金。」

華倫・巴菲特

嘲笑糟糕的預測很容易，但這些預測如果影響了我們的行為，可就沒那麼好笑了。

當我們閱讀這些預測時，可能會忍不住調整自己的投資組合，以符合所謂「專家」的意見。畢竟，這些專家受過良好教育、坐享高薪、說話充滿權威感。他們一定知道自己在說什麼！

歷史告訴我們，事實並非如此。

在一次訪談中，作家兼投資人安德魯・哈勒姆（Andrew Hallam）告訴我，他在股市中能夠持續成功30多年的關鍵之一，就是完全無視金融專家的警告、經濟學家的分析，以及那些看似會影響市場的重大事件。

「關鍵是學會忽略市場。」哈勒姆說，「股市在短期內就像毒品：千萬不能沉迷其中。大多數企業的獲利會隨著時間成長，這才是最重要的。投資的核心在於系統性層面，這也是為什麼想成為一名優秀的投資人，需要極強自律性的原因。」

《富比世》（*Forbes*）財經雜誌創辦人史提夫·富比世（Steve Forbes）曾說，金融專家其實都知道短期市場走勢無法預測。但他們仍然繼續這麼做，就只是因為這是他們的工作。

他曾說：「在我這一行，賣建議比實際遵循建議更賺錢。這正是我們雜誌業賴以生存的方式之一——還有讀者的短暫記憶。」[65]

選舉式投資

2011年，在經濟危機期間，民調機構蓋洛普（Gallup）詢問了1,000名具代表性的美國成年人，他們認為未來幾年哪一種投資的成長潛力最大。

受訪者的首選是黃金（34%），其次是不動產（19%），然後是股票（17%）。

10年後結果揭曉：這些受訪者的投資判斷糟糕透頂。當年如果投入1萬美元於黃金，10年後僅值1萬300美元；同樣的金額若投入房地產，可增值至略高於2萬3,000美元；但若投資於股票，則成長至3萬8,600美元。

換句話說，大眾最不看好的投資，反而帶來了最高的報酬。

事後看來，受訪者的選擇比較是反映了當時的擔憂，而非市場的未來走勢。調查進行時，美國經濟處於近乎蕭條的狀態，股票剛經歷幾年黑暗期。人們不想聽到任何與股票相關的消息。但我們現在知道，當時股票的成長潛力非常大。

人類的天性使我們傾向相信，不受青睞的投資會持續被冷落，而受歡迎的投資則會繼續受到追捧。但市場並不在乎什麼看起來合理、正常或顯而易見。

持續投資就對了

巴菲特曾說，即使是那些深刻影響時代的災難性事件，例如戰爭或大流行病，也不應該阻止我們投資。

在給股東的一封信中，巴菲特提到自己在1942年3月11日，也就是11歲時，買進人生的第一支股票，那是在日本偷襲珍珠港三個月之後。

說得委婉一點，1942年的新聞並不樂觀。美國才剛加入同盟國，而且戰況並未如預期發展。

就在巴菲特買進股票前三天，《紐約時報》（*The New York Times*）的頭條新聞是「日軍摧毀萬隆防線」。次日的標題為「日軍在零點入侵新幾內亞；攻占仰光，並向緬甸西部推進」。再隔一天則是「敵軍清除通往澳洲的道路；據報爪哇98,000人投降」。

哦，還有，紐約證券交易所剛剛崩盤，回吐自大蕭條結束以來的所有漲幅。

但在二戰期間匆忙進場的巴菲特，最終卻獲得了驚人的報酬。如果當時他因局勢不穩而害怕，或許根本不會踏上投資之路。

有人說，如今我們所處的時代更加不確定，國家債務使經濟成長變得更加脆弱，一場史無前例的經濟衰退或巨大的政治危機可能即將來臨。

我的回應是：時代一直都充滿不確定性。劇烈的事件總是威脅著世界和平，經濟衰退和蕭條的風險從未消失。

以下列舉過去10年發生的一些重大負面事件：

- 俄羅斯發動非法大規模入侵烏克蘭，導致數千人喪生。
- 美國國會大廈遭受致命暴動襲擊。
- 新冠疫情奪走數百萬人的生命，引發股市崩盤與全球經濟衰退。
- 伊朗支持的叛軍攻擊沙烏地阿拉伯的煉油廠。
- 美國對中國發動貿易戰。

- 北韓進行第六次核試驗。
- 俄羅斯非法干預美國總統大選，唐納．川普出乎意料當選總統。
- 歐盟拒絕希臘多次提出的經濟紓困請求。
- 歐洲央行採取負利率政策。
- 波士頓馬拉松發生恐怖攻擊，造成3人死亡、280人受傷。

我不知道你覺得如何，但光是看到這份清單就讓我感到緊張。這些主導新聞版面、引發無數討論的災難，是否讓投資人卻步？

並沒有。

儘管發生了這些悲劇性、戲劇性的事件，過去10年間，若投資1萬美元於美國股市，如今已增值至超過3萬4,000美元，年報酬率超過13%。

每個年代都有它的危機、悲劇和不確定性，但這些都不該阻止我們投資。

全球暖化時代的投資

全球暖化是一個全新的、前所未有的議題，一些投資人可能會擔心，這個威脅將導致未來的投資報酬令人失望。

然而各種關於未來幾十年的暖化情境討論不斷，但人類將如何應對這些風險，目前仍然不明朗。

總部位於英國的國際資產管理集團施羅德（Schroders）曾進行一項研究，探討氣溫升高和更頻繁的極端氣候事件，將在未來30年內如何影響金融市場。

他們的分析顯示，受全球暖化影響最嚴重的國家可能包括印度、新加坡和澳洲，這些國家的市場報酬率可能會低於無暖化影響下的表現。

另一些國家則可能會經歷相反的影響。例如，加拿大、英國和瑞士的生產力將有所提升，股市報酬率在這段時間內也會優於未受暖化影響的情況。

研究人員克雷格．博薩姆（Craig Botham）和艾琳．勞羅（Irene Lauro）寫道：「雖然這為這些國家未來30年描繪了一幅樂觀的畫面，但是長期來看，氣溫仍將持續上升，並導致更廣泛的經濟損失。此外，這項分析關注的是經濟影響與市場報酬，而非全球暖化帶來的其他諸多負面影響。因此，我們絕不支持面對氣候變遷卻不採取行動。」[66]

跨國保險公司瑞士再保險（Swiss Re）也曾進行另一項研究。結果同樣顯示，南亞和東南亞的經濟體特別容易受到氣候變遷帶來的不利影響，而北半球的已開發經濟體則相對受影響較小[67]。如果最嚴重的氣溫上升情境成真，到了本世紀中，全球經濟規模將比沒有暖化影響的情況萎縮 18%。[68]然而，即便如此，全球經濟規模仍將比今天更龐大——目前地球上有 79 億人口，根據聯合國預測，到了 2050 年將達到 98 億。

我認為，我們必須關注氣候變遷對地球的影響，並盡全力對抗這個問題。在這方面，將高汙染企業從投資組合中剔除，現在比以往更簡單，這一點將在第 9 章〈選擇 ESG 投資〉中進一步解釋。

至於投資方面，我認為這些擔憂並不與長期投資相矛盾。即使未來的報酬率低於過去，我們仍然可以學會適應這些新的市場條件。

西方的衰落

一些批評者還聲稱，西方的黃金時代已經過去了、20世紀的成長無法延續到21世紀，以及中國將在未來主導世界。

這種觀點的問題在於，一個多世紀以來，每年都有人預言即將西方衰落。

德國知識分子奧斯沃·史賓格勒（Oswald Spengler）於1918年出版了一本暢銷書，書名直截了當地叫做《西方的衰落》（*The Decline of the West*）。只不過，根據這個觀點來投資的人，大概沒有什麼值得誇耀的成績。

我曾與財經作家兼投資人摩根·豪瑟（Morgan Housel）討論過這個話題。他同意，中國在21世紀將繼續崛起，但這並不表示西方將步入黑暗的年代。

他告訴我：「去問即將從大學畢業的學生，他們比較想生活在美國還是中國？我敢打賭，99%的人會選擇美國。這不只是語言障礙的問題而已。在經過生活成本調整後，美國人的購買力仍然是中國人的5倍以上。」[69]

中國的勞動年齡人口已經開始萎縮，而美國的勞動力人口則仍在成長。即使西方的經濟成長放緩，但這裡仍然充滿創新，豪瑟指出。

「蘋果產品上寫著『加州設計，中國組裝』。如果讓學生在這兩個環節中選擇自己的職業發展方向，我想你已經知道答案了。」[70]

而那些認為國家必須不斷擴大政治和經濟影響力，才能提升財富與生活水準的人，應該參考英國。

曾經是世界上最重要的政治、經濟和軍事強權的大英帝國，如今只存在於歷史書中。然而，如果在1984年投資1萬美元於英國最大型企業的股票，到2020年（含股利再投資），這筆投資已增值至接近19萬美元。

特別報導

研究顯示，負面新聞對我們的影響遠大於正面新聞——當我們聽到負面新聞時，心跳會加快。

人類對負面消息的高度關注，在金融市場上的表現特別明顯。

我們都知道，當股市在一天內大幅下跌時，電視新聞網會加倍播放特別報導。憂心忡忡的專家輪番上陣，試圖解析這場「股市恐慌」。他們談論退休族群，稱其為「這場危機的最大輸家」，並探討這次暴跌是否會「蔓延」至實體經濟，或「衰退是否就在門口」。

但是你有沒有看過，當市場大幅上漲時，新聞媒體也同樣插播特別報導？他們會邀請相同的專家來解釋市場上漲的原因嗎？

對股市恐慌大肆渲染，卻對市場大漲避而不談，會讓民眾誤以為股市是一個危險而脆弱的機制，應該敬而遠之。因此，這麼少人願意投資，而真正懂得如何投資的人更少，也就不足為奇了。

股市崩盤是我在投資世界裡最感興趣的話題之一，總是令我著迷不已。

當我們的投資價值暴跌，親戚又傳來簡訊說他已經全部賣出時，我們該如何保持冷靜？這正是我們下一章要探討的內容。

第 7 章

股市暴跌時別恐慌賣出，反而是進場時機

當一個長期的樂觀主義者，同時要預料到世界大約每10年就會分崩離析一次。

——摩根·豪瑟（Morgan Housel），財經作家

1752年5月10日下午，在巴黎北部的一場雷雨中，一位勇敢的志願者站在一座哨兵崗亭裡。他面前的金屬桿高高地伸向天空，有40英尺之高。突然間，他眼前閃現一道火花。

這個觀察結果引起轟動。此一實驗的發起者托馬·弗朗索瓦·達利巴（Thomas-François Dalibard）剛剛驗證了班傑明·富蘭克林（Benjamin Franklin）提出的假設：打雷是一種電的現象。

數千年來，人類一直認為雷是超自然現象，是眾神震怒的象徵。為了平息神靈的憤怒，古希臘人和古羅馬人會在雷擊過的地方建造神廟。

後來在歐洲的城市與村莊裡，人們會在暴風雨來臨前敲響鐘聲，試圖驅散威脅。但這麼做卻讓攀爬鐘樓敲鐘的人身陷險境——在1700年代中期的德國，短短35年間，就有386座教堂遭雷擊，超過100名敲鐘人喪命。1769年，在義大利北部，閃電擊中聖納扎羅教堂（San Nazaro），引爆了威尼斯共和國儲存在地下室的數千磅火

藥，導致約3,000人喪生。[71]

多虧了富蘭克林與達利巴，避雷針開始被安裝在船隻與建築物上，在暴風雨中保護人們的安全。富蘭克林還發明並命名世界上第一個電池，開啟了用電改善人類生活的時代。

打雷是一個很好的切入點，讓我們理解投資人最恐懼的現象之一——股市崩盤。

就像打雷一樣，股市下跌會讓最理性的人也陷入恐慌。然而，就如同電力一樣，對大多數人來說，股市下跌其實應該是值得慶祝的事。

這是一個簡單的道理，但卻不容易真正被接受。

投資時不恐慌

我在幾年前親身經歷了一次這樣的考驗。當時，我工作的報社《媒體報》（*La Presse*）轉為非營利組織。我和同事面臨一個選擇：我們的退休金要繼續由原先管理它的跨國公司掌控，或是取回這筆資金自行管理。幾乎所有員工都選擇了第一個選項。

至於我，我比較想把錢提領出來。我計算過，即便投資報酬率只是普通水準，最後我還是能獲得比那家跨國投資管理公司所能提供更多的錢以及更大的靈活性。

另一位同事也做出相同的選擇。但是他不想自己管理投資，所以把錢提領出來後就交給一位財務顧問。他很快就開始每天查看自己的資產狀況——我並不建議這麼做。

偏偏這一切正好發生在股市下跌的時期。全球股市幾乎每天都在持續走低。

在聖誕派對上，當舞池裡響起一首1980年代的流行金曲時，同事拍了拍我的肩膀，湊到耳邊說：「我已經虧了38,000加幣！」他的表情看起來像是開始後悔自己的決定了。

幾天後他來到辦公室找我。這時的股市在短短幾個月內已下跌20%。他說：「我想聽聽你的意見。我的顧問認為市場會繼續下跌，你覺得呢？」

我無奈地攤開雙手：「我不知道！市場可能再跌20%，也可能明天早上就開始回漲。沒人有水晶球可以預測。最好的做法，就是什麼都不做。」

市場後來止跌了。股市在接下來的一年反彈將近32%。我的同事重新露出笑容。我很高興告訴你，他通過了第一場考驗。

許多人認為自己能在股市崩盤時保持冷靜。但恐慌感並不是來自手機螢幕上的數字變化，而是來自內心深處。

當我們意識到自己剛剛損失的金額，相當於幾個月、甚至幾年的薪水時，那種壓力往往難以承受。

每個人的反應都不同。有些人對股市崩盤無動於衷，有些人則很難保持冷靜。

金融機構了解這一點，因此推出各種與市場連結的「保本」投資產品，以安撫那些害怕市場波動的人。這類「比較安全」的投資，承諾既能帶來成長，又能確保資產不會在股市崩盤時蒸發。然而，這些產品通常伴隨著許多限制與隱藏費用，而銷售這些產品的金融機構卻能從中賺到很多錢。

支持這些金融產品的行銷邏輯是：股市崩盤是一件壞事，必須不計代價避免。

我有很長一段時間也相信這樣的觀點。看到自己的投資組合價值下跌，曾經讓我感到焦慮，但後來我對這個問題的看法有了180度的轉變。現在我對明天的天氣，比起投資帳戶的漲跌還要更感興趣。

學會如何應對市場下跌，實在太重要了。如果無法接受股市的波動性，就不可能成為一名成功的投資人。

很常見、無可避免，而且有必要

在2020年的新冠肺炎市場崩盤期間，我的投資前所未有地大幅縮水：短短幾週內，我的帳戶出現了一個相當於數年薪資的巨大缺口。但我完全沒有想過要賣掉手上的投資，甚至沒有因此失眠片刻。這並不是因為我擁有什麼特殊的天賦，或是喜歡自虐。那我為什麼能夠做到這一點呢？因為我學會了「市場崩盤很常見、無可避免，而且有必要」。

> 「人類無法安靜地坐著不動：我們總是在憂慮，總是不滿足，總是在努力進步，總是在試圖預測未來。」
>
> ——喬納森．克雷蒙，財經作家

舉例來說，自1920年代以來，我們擁有最完整歷史資料的指數——標準普爾500指數，平均每年會發生三次5%的跌幅。[72]

而更大的跌幅也是家常便飯。過去100年來，市場大約每16個月就會發生一次10%的回跌。

那麼20%的跌幅呢？過去一個世紀以來，這種崩盤平均每七年會發生一次。而自1950年代以來，標普500指數曾經三度下跌約50%，平均每22年一次。

這種著名的「股市波動性」太常見了，我們不應該再為此感到意外。但每次發生時，我們還是會感到驚訝！

市場下跌帶來的損失通常很短暫。例如，自二戰以來，市場修正（跌幅20%或以下）的平均復原時間僅為四個月，之後市場便恢復正常。[73]

此外，根據一項研究指出，自1974年以來，標普500指數「在市場拉回超過10% 的低點過後一個月內，平均上漲超過8%，而在一年後，平均上漲超過24%。」[74]

即使在金融史上最嚴重的災難——1929年股市崩盤後，市場也在不到10年的時間內就恢復了。如果一位投資人在1929年的市場最高點進場，那麼到了1936年——市場觸底後的四年半內，他就能完全回本。這是因為即使在大蕭條期間，企業仍然持續發放股利——也就是公司將獲利分配給股東的部分。

入場費

市場修正之所以令人感到痛苦，是因為這會讓人覺得自己受到了懲罰——就像被嚴格的老師打手心，彷彿做錯了什麼事。

但市場修正並不是懲罰，而是進場的費用。

財經作家暨投資人摩根·豪瑟寫道：「市場的報酬從來都不是免費的，也永遠不會是免費的。」

豪瑟在著作《致富心態》（*The Psychology of Money*）中指出，市場修正並不是系統的錯誤。接受你的投資會下跌，這是換取長期成長所必須付出的代價。沒有修正，就沒有風險；沒有風險，就沒有報酬。

但是人們本能的反應，往往是想要不勞而獲。

因此，投資人會試圖「耍小聰明，想要在不承受損失的情況下獲得報酬。他們在市場殺進殺出，企圖在下一次衰退前賣出、在下一次大漲前買進。這聽起來很合理，但金錢之神不會青睞那些不想付出代價就獲得報酬的人。[75]」

投資組合經理馬克—安德烈·特科特（Marc-André Turcot）觀察到，成功的投資人通常具備一個共同點：他們不會因為周圍的人恐慌而動搖，反而會讓自己的錢在市場中持續運作。

他將這種投資心態與企業家或房地產業主進行比較，因為這兩類人通常是社會上財務最成功的人之一。

他解釋：「企業家不會每天早上醒來就查看自己的公司值多少錢，房地產業主也不會每天估算自己持有的建築物價值。他們關注的是獲利，是銷售額。說到底，這才是創造價值的關鍵。他們著眼於長遠目標。那麼，當一間公司上市並在股市交易時，為什麼我們的心態要有所不同？股市的問題在於，人們每一分每一秒都可以看到自己投資的價格變動，這會嚴重影響投資人的情緒。相較之下，一棟建築物或一間公司並不會每天重新估值，自然也不會帶來相同的心理壓力。」

經驗是關鍵。那些最容易對市場波動感到焦慮的投資人，通常是年紀較大時才開始投資，並且一次投入大量資金，例如，他們可能繼承了一筆財產，或是賣掉自己的公司，再將所得全部投入市場。

「這些投資人因為一次性投入大筆資金，卻沒有足夠的時間去熟悉市場的起伏，以致他們對每一次的市場變動都會感到恐慌。這也是為什麼我認為，自己八成的工作是在管理投資人的心理，真正處理數字的部分只占兩成。」

總而言之，成功是要付出代價的。不要再盯著投資組合了。投資的價值會上升，也會下跌。完全沒有必要為了這個而焦慮！

當然，這些建議只適用於投資於廣泛市場、低成本的指數基金或ETF的投資人。這類基金涵蓋數百甚至數千間公司的股票。從歷史經驗來看，整體市場總能找到上漲的方式。但許多個別公司則無法復原，其股價甚至可能歸零。這也是為什麼買進個股的風險，會比投資整體市場還要大的原因。

付出太多

除了害怕市場修正之外，我們普遍也對於投資時付出太多而感到恐懼。

這種恐懼會讓我們在市場處於歷史新高時猶豫不決，不敢投資。我們可能會說：「過去一年市場已經上漲了31%，現在不是投資的時機，所有標的都貴得離譜！」

有些人選擇等到市場下跌時再投資，就像他們等著商店打折才去買電視或一雙滑雪板那樣。

我可以了解這樣的衝動，我也和所有人一樣，不喜歡為日常用品支付全額價格。但是適用於滑雪板的原則，對投資來說卻完全行不通。如果投資採取這種策略，最後會讓自己變得更窮。

事實是，股市創下新高其實是常態，而不是例外。所以，如果因為市場表現強勁或已創下新高便遲遲不投資，那麼你的等待可能會非常漫長！

財經作家班・卡爾森（Ben Carlson）指出，自1928年以來，標普500指數平均每20個交易日就會創下一次歷史新高。[76]

從1929年到2019年，他計算出標普500指數每年的平均漲幅，結果發現每4年有近3年是上漲的。那麼，在市場經歷了一個上漲年後的下一年呢？仍有近四分之三的機率會繼續上漲。[77]

如果市場在某一年上漲超過10%，那麼接下來的一年呢？標普500指數依然有近四分之三的機率會繼續上漲。

如果市場出現極端、驚人的飆升——例如在12個月內上漲50%呢？經過這樣的表現後，市場應該會出現一場大的修正吧？

並不會。歷史資料顯示，在經歷如此驚人的一年後，市場接下來一年的平均報酬率，約為−1.5%。但如果把時間拉長，在飆升50%之後的3年內，市場平均報酬率為42%，5年後則是66%。而且這還不包括股利收益。

「根據市場過去一年的表現預測未來市場走勢，其實比想像中困難得多。」卡爾森如此總結道。[78]

我們可以用擲硬幣來理解這一點。想像你不斷擲同一枚硬幣，並記錄每次的結果。你可能會連續擲出數次反面，但這並不表示擲出正面的「時候到了」——每一次擲硬幣的結果都是獨立事件，前一次的結果並不會影響下一次的機率。

以擲硬幣來說，正面與反面的機率各為50%。但以股市來看，歷史資料顯示，機率是站在投資人這一邊的：正如我先前提到，北美股市平均每10年有7年是上漲的。

這是一個違反直覺的投資道理，但我們不該因為市場處於高點而不投資。

沒錯，市場回跌是必然的，但要準確預測市場何時下跌、跌幅多大，幾乎是不可能的。

529方案：投資界的電動自行車

當我詢問身邊的父母是否有為孩子提撥款項至合格學費方案（529方案）時，得到的回應總是五花八門。有些人正在這麼做，有些人沒有，有些人則不太確定，因為這件事是由配偶「負責處理」的。然而，這些人卻能與我暢聊數小時，討論他們最新款iPhone

的技術細節，或是剛翻新的廚房設備。

我個人認為，529 方案就像投資界的電動自行車，因為有美國聯邦政府在背後推動前進──只要資金最終用於「合格的高等教育費用」（如買書、住宿費等），投資收益就可以免稅成長。雖然 529 方案的投入資金來自稅後收入，但多數州政府會提供州稅減免，鼓勵父母為子女存教育基金。官方沒有規定 529 方案的提撥上限，但由於存入的款項被視為贈與，因此若希望符合年度贈與稅的免稅額，每位投資人單筆最高可存入 16,000 美元。大學學費很昂貴，但只要我們提前規劃，並善用政府提供的免稅成長機會，這筆負擔將會變得較為輕鬆。

100% 很可怕

身為投資人，我們都夢想能在市場暴跌、價格低迷時入市。

但實際操作起來，卻比想像中複雜得多。

當我們回顧歷史走勢圖時，市場下跌看起來像是撿便宜的好機會；但當我們親身經歷暴跌時，那種逢低買進的感覺便會煙消雲散。

我們可以輕鬆地理性分析過去的跌勢，因為我們知道最後都會反彈。但是當眼前的市場下跌正在發生時，要保持理智卻極其困難，因為下跌100%的可能性令人恐懼。這就像不帶手電筒走進一個漆黑的洞穴——裡面藏著什麼，沒人知道。我們只能摸索著往前走，盡可能應對未知的風險。

市場修正可能持續數週或數月。這段時間充滿恐懼，會動搖我們的信念，甚至使人開始懷疑一切。

在這種情境下，我們通常不會想買進金融資產。而且一買進，它的價值就馬上下跌。

眼睜睜看著自己的錢剛進場就縮水，感覺就像把薪水支票拿去用蠟燭燒掉。我花了將近十年的時間，才終於學會在這種情況下保持冷靜。

長期來看，市場總能找到創新高的方法；但短期內，恐懼的力量比賺錢的慾望強大得多。能否在這種時刻保持冷靜，才是投資人一生最大的考驗。我們的投資成績單，正是在這些時刻面臨真正的考驗。

作家暨理財顧問葛斯・透納（Garth Turner）曾這樣形容市場周期：「在我35年的職業生涯中，一遍又一遍看著同樣的情景。市場上漲是常態，市場修正是例外。經濟擴張比萎縮的幅度大得多。危機通常來得又快又急，而經濟衰退則是既罕見又短暫。」

透納指出，擁有均衡且多元化投資組合的投資人，不應該被恐懼產業所誘惑。因為每當股市崩盤時，恐懼販子總會大聲疾呼，試圖影響投資人的決策。他說：「別再擔心你的錢了。」[79]

投資人暨作家霍華・馬克斯（Howard Marks）在面對股市危機時，曾如此描述他的思考過程：「我認為這可以簡化為：世界會毀滅，或世界不會毀滅⋯⋯。而如果世界沒有毀滅，但我們卻沒有買進，那麼我們就是沒做該做的事。」他說，這使得「投資人該做的事非常明顯。」[80]

錯過電梯

當新冠肺炎疫情爆發時，主要股市指數都大幅下跌。標普500指數在短短一個多月內，蒸發了超過30%的市值——是標普有史以來暴跌速度最快的紀錄之一。

如同其他數百萬名投資人，我也密切關注著市場動態。當我手上有資金時，儘管知道價值可能還會下跌，仍選擇買進ETF；當沒有資金可投資時，我什麼都不做。

與此同時，我的許多朋友和熟人也都守在電腦前。其中有些人投資多年，有些甚至具備金融專業背景，或本身就從事金融業。

但在連續數週目睹投資組合價值暴跌後，他們得出一個結論：市場修正才剛開始。他們決定拋售手中的投資，希望日後能以更低的價格買回來。

當時的新聞充滿災難性的標題，例如：

「道瓊指數暴跌近1,000點，新冠肺炎疫情崩盤持續；創1987年以來最大單日跌勢」（CNBC）

「加州州長發布全州『居家令』，新冠病例激增」（CNBC）

「川普指責中國導致新冠肺炎疫情大流行：『世界為他們的行為付出了巨大的代價』」（CNBC）

「新冠病毒：儘管致死率較低，但新冠肺炎的死亡人數已超越SARS和MERS的總和」（《英國醫學期刊》）

「中國4.52億人因新冠肺炎疫情爆發面臨旅行限制」（CNN）

「新冠肺炎經濟衰退將重創中產階級」（《霸榮週刊》）

「路透調查：新冠肺炎疫情造成的破壞使全球經濟已陷入衰退」（路透社）

我關注新聞近30年，除了911事件之外，從未見過這麼多末日般的新聞標題同時出現。

當時，多數人可能都認為，這是最糟糕的投資時機。但事實證明，這種想法是錯的。

在這些駭人的新聞標題出現後的一年內，標普500指數飆升了70%，這是沒有人預料到的驚人表現。

投資組合經理人理查・莫林表示：「市場通常會在好消息到來的6個月前開始反彈。通常，當新聞媒體還在報導『世界末日』時，市場就已經開始復甦了，新冠肺炎疫情正是如此。」

我的朋友們倉促地買回他們的投資，錯過了一部分上漲的行情。但他們還算幸運——在每一次市場危機中，有許多投資人會完全錯過反彈。市場已回漲，他們卻因為提前賣出而「鎖定」損失。隨後，他們陷入猶豫狀態，無法說服自己買回已大幅回漲的資產。

這些教訓很痛苦而且代價高昂。

儘管投資價值下跌，繼續持有仍然很重要，因為市場的好日子總是毫無預警地來臨。根據密西根大學教授賽亨（H. Nejat Seyhun）的一項研究指出，過去30年的美國股市中，幾乎所有市場獲利都集中在7,500個交易日中的90天——只占1%。如果一名投資人錯過這1%的交易日，等同於這30年根本沒有獲利。[81]

在恐慌中拋售，或預測市場即將下跌而提前賣出，就表示我們以為自己能夠預測未來。但這可能是投資人所能犯下代價最高的錯誤。

事實上，投資時最明智的直覺，就是不要依賴直覺。巴菲特曾說：「我從不知道市場會發生什麼事，我從不覺得自己能預測市場一天、一週、一個月，甚至一年後的走勢⋯⋯但我從不覺得這很重要。我相信10年、20年，甚至30年後的股市，會比現在高得多。」[82]

刷新紀錄的高峰

無論如何，花費時間和精力試圖在最低點買進投資標的，並不會帶來我們所預期的驚人報酬。

想像一下，如果有個人異常幸運，每次市場下跌後都能準確買在最低點，那會如何呢？

金融分析師兼作家尼克．馬吉利（Nick Maggiulli）計算過，從1970年到2019年之間，若有人真的只在市場跌至最低點時才投資，那麼他的年均報酬率，也只比每個月定期投資、完全不管市場漲跌的人高出0.4%。[83]

就算你擁有一顆絕對精準的水晶球，能完美掌握市場時機，額外獲得的報酬率也就不過0.4%。現實是你幾乎不可能每次都猜對，而你的績效會比穩定投資、持續買進的人更差！

在投資這件事上，順從直覺是個錯誤。聽從內心的聲音、等待「更好的時機」才進場，是個錯誤。為了求心安而賣掉投資，同樣是個錯誤。

比起任何其他領域，在投資上依賴直覺，反而更容易拖累自己。

保持路線

這一切都是為了說明，投資最重要的原則之一，就是保持路線。一旦確定了股票與債券的資產配置，就不要試圖去改變它。有錢時就投入，需要用錢時就取出，就是這麼簡單。

如果這件事很難做到，那是因為人類天生就不適合成為好的投資人。數十萬年來，人類在地球上能夠生存下來，不是因為在面對災難時選擇什麼都不做。當敵人掠奪我們的糧食、當大火威脅到我們的家人，我們的反應是行動！但在投資世界裡，這種生存本能只會害了我們。

投資人兼作家派屈克・歐蕭納西（Patrick

O'Shaughnessy）曾說過：「與其試圖預測市場，不如專注避開那些常見的陷阱。」

歐蕭納西在其播客《像專家一樣投資》（Invest Like the Best）中分享了一段經歷：他在非洲參加野生動物狩獵之旅時，導遊反覆提醒，如果有獅子衝過來，千萬不要跑，因為逃跑只會增加被攻擊的風險。

他說：「我們被警告了上百次，當獅子衝過來時，千萬不要跑！我們的每一位導遊都曾經歷獅子迎面衝來五十幾次……但只要不跑，獅子通常會在最後一刻停下來，並不會真的撕咬你。你必須事先在腦海中反覆演練這個概念上百次，因為人類的本能反應就和投資時一樣，都是想要逃跑。」[84]

當我們的投資組合迅速縮水時，那種心理反應就像是一頭憤怒的獅子正朝我們狂奔而來。

昨天還屬於我們的錢，今天突然就不見了。我們的每一根神經都在大聲呼喊：「快想辦法！快點採取行動！」以排除威脅。

但就像面對獅子一樣，重點不是去對抗危險，而是對抗我們的本能反應。

為什麼女性是比較優秀的投資人？

多項研究顯示，女性在股市中的表現往往優於男性。原因在於，女性的交易頻率比男性低，也比較傾向於投資多元化的基金。[85]英國投資公司哈格里夫蘭斯頓（Hargreaves Lansdown）針對其客戶所做的一項研究發現，女性投資人在三年內的平均報酬率比男性高出 0.81%。如果這種優勢能夠持續 30 年，代表女性的資產最終會比男性多出 25%。[86]

我們是乘客

當我還是大學生時，每天放學回家都需要搭乘地鐵坐14站，然後轉乘一班每隔一個半小時才發車的區域公車。我不想錯過這班公車。

坐在地鐵車廂裡，我不斷看著手錶，焦慮地計算自己是否能及時趕上巴士。時間一分一秒地流逝，我的壓力逐漸升高。偏偏總是在那種時候，地鐵會在一些空無一人的車站無止境地停留，每浪費一秒鐘都令我痛苦不堪。天啊，我一定會錯過那班公車！

後來我才發現，這樣的反應完全沒有意義。我不是地鐵的司機，而是乘客。無論我再怎麼焦慮，結果都不會改變。我不是趕上公車，就是錯過公車。只要我還在地鐵上，這個事實就無法改變。

這種焦慮完全是多餘的。我仍然記得當時領悟到這一點時，那種如釋重負的感覺。

就像搭地鐵一樣，我們無法掌控金融市場——我們只是市場裡的乘客。愈早明白這一點，就愈能理解我們的情緒和焦慮既無助，甚至還可能害。完全沒必要。

我靠薪水過活，而不是靠投資獲利。如果我退休了，必須依賴投資來支付生活開銷，那麼當市場崩盤時，我還能像現在這樣冷靜嗎？我不知道。但正如我在本書前面提到的，這正是為什麼退休人士通常承受風險的能力較低，並會選擇在投資組合中持有較高比例的債券ETF。

我還發現，過度關注投資價值變動的投資人，就像是滑雪者整天盯著纜車的技術細節，卻忽略了滑雪本身。

是的，纜車對滑雪而言是必要的。但就像投資一樣，它只是一種工具，而不是最終目標。如果運作得當，纜車應該只是背景的一部分，而不是我們關注的焦點。

這一切都在說明：沒有人能掌控市場的下跌。但好消息是，我們完全可以控制自己對市場下跌的反應。

市場下跌是難免的，而試圖消除它則是不切實際的。

這個道理很簡單，但並不容易做到。

查理・蒙格曾以一句著名的話總結這一點：「如果投資是件容易的事，那麼每個人都會變得富有。投資本來就不該是容易的事，任何覺得投資很容易的人都很蠢。」

那麼，你應該自己管理投資，還是該讓專業人士來代勞呢？

我們將在下一章揭曉答案。

第 8 章

別讓管理費用吃掉你的財富

最困難的是下定決新展開行動，剩下的就只是毅力的問題。

——艾蜜莉亞·艾爾哈特（Amelia Earhart），

首位飛越大西洋的女性飛行員

想像一下，你正在一座異國小島上，度過了一個從酒吧到酒吧狂歡的夜晚，與當地人盡情享樂後，所有人各自回家，只剩你獨自一人漫步在昏暗的小路上。這時候開始下起雨來，你覺得有點冷，然後突然發現，不知怎麼地竟然少穿了一隻鞋。路上偶爾遇見的幾個人聽不懂你說的話，只是盯著你看。

忽然有輛計程車經過並停了下來。你告訴司機你住的飯店，他點了點頭。

「我可以載你回去，但費用是你未來25年薪水的50%。」

「什麼？」你震驚地回應，感到被羞辱。「這也太誇張了吧！」

「隨便你。」司機聳聳肩說，「但如果有其他計程車路過這裡，他們也會開一樣的價錢。況且，這座島不好走，而且危險重重。如果你自己摸黑回去，以我的經驗來看，是不會成功的。所以50%的薪水其實很划算。」

如果這個故事是真的，那大概可以列入史上最惡劣的旅遊詐騙之一。

但當我們將資金交給金融專業人士投資時，往往也會面臨這樣的交易。當然，這件事不會被說得如此直接，而那些向我們介紹投資方案的人，如果知道自己被比喻為欺騙弱勢乘客的計程車司機，大概會很不高興。

但現實就是如此。當我們在裝潢高雅的辦公室裡，手裡端著一杯香醇的義式濃縮咖啡，簽下一份投資協議時，可能就在不知不覺中放棄了自己未來50%的潛在投資報酬，有時甚至更多。

這並非偶然。金融機構和投資管理公司每年都會砸下數億美元，在電視、廣播和網路上播放廣告，說服我們相信他們是真心為投資人利益著想的。這些業者自稱是我們的夥伴、朋友，並強調透過他們投資才是明智之舉。

當然，有儲蓄和投資，總比什麼都不要好。但我們往往容易忽略，幫我們配置資產的某些專業人士，其實並不是完全中立的。他們推薦的金融產品，很多時候都是為了確保我們的資金能穩定地流向他們的體系，進而提高他們所屬金融機構的季度營收。

吸引客戶

幾年前，財經作家兼投資人安德魯．哈勒姆（Andrew Hallam）進行一項實驗。他請五位鄰居分別與五間金融機構預約會面，請對方為他們建立一個由指數ETF組成的簡單投資組合。

結果五個人都表示，這些金融機構的投資經理人都建議他們不要這麼做，而是推薦他們買進高費用比率的共同基金。

安德魯在分析中指出，他並不認為這是某種欺騙客戶的陰謀，是因為這些員工似乎並不了解指數ETF的運作方式。而且他們也有業績壓力——無論是明確的還是隱性的——所以必須推銷自家機構的產品。

當提出這類問題時，投資專業人士總會準備好一套標準答案：沒有他們的幫助，我們的投資報酬會更差。

他們說：「投資就像裝潢房子。有些人可以自己動手，省下一點錢，但通常還是交給專家來做比較好。」

為了證明這一點，他們喜歡引用美國金融服務公司Dalbar的一項分析，指出自行投資的人績效通常不如他們所持有的基金，因為這些人會亂猜，而且總是在錯誤的時間買進賣出。

但他們沒說的是，《華爾街日報》和多位經濟學家都對Dalbar這項研究的方法論提出質疑，認為這種算法誇大了自主投資人績效不佳的程度。[87]

即使我願意假設專業投資顧問能夠成功幫助客戶避免犯錯，並在稅務等方面提供明智的建議，他們的收費對資產造成的影響往往高得離譜。

拿前面提到的異國島嶼計程車司機為例：就算搭他的車會比自己開車更安全，就表示他可以要求你把未來25年一半的薪水都交給他嗎？

假設我們有10萬美元投資於平衡型投資組合，每年再投入1萬美元，而投資顧問每年收取2%的管理費。2%是很標準的收費。《金融分析師期刊》（*Financial Analysts Journal*）在2014年的一項分析發現，主動管理型共同基金的平均年成本為2.27%，包括基金管理費、顧問費，以及基金買賣證券的交易成本。[88]

10年過後，假設每年的報酬率為6%，這筆費用將導致我們的投資帳戶少了將近4萬5,000美元，不僅是實際支付給顧問的費用，還包括這筆錢如果留在帳戶裡所能產生的增值。我們的獲利則是65,000美元。

如果持續儲蓄與投資25年，管理費在我們帳戶中「吃掉了」31萬美元的報酬，而我們的獲利僅為32萬美元。

換句話說，我們等於放棄了幾乎一半的投資報酬——也就是身為投資人的「薪水」。

到了第35年，2%的管理費將使我們少賺78.5萬美元，而實際獲利僅為65萬美元。簡單來說：管理費贏了！

這些數字是否讓你震驚？

意思就是：我們提供資金，我們承擔風險，金融顧問卻不出一毛錢，也不承擔任何風險，卻能從這段合作關係中榨取數十萬美元的獲利，而且往往只需每隔幾年與我們開幾次會。

你覺得這樣合理嗎？

對那些真心相信自己值得收這筆錢的投資專業人士（當然，前提是你還沒氣得把這本書扔出窗外），我有個建議：不要悄悄從客戶的投資中扣除費用，讓大部分人渾然不覺，不如學學律師、牙醫或公證人，直接寄帳單給客戶看看會怎樣。

舉例來說，你可以在每年12月寄出一張帳單，向一對退休夫婦收取3萬美元，作為你為他們管理150萬美元投資組合的服務費（這相當於2%的管理費）。

很好的主意吧？不是嗎？那麼我們至少在這點上意見一致了：目前的收費模式確實對某些人有利，但從中得利的人，絕對不是客戶。

我們可以從投資中提領多少錢維持生活？

加州財務顧問比爾・班簡（Bill Bengen）25 年前想了解，一個人如果不再工作，每年可以從投資中領取多少資金來過生活。他的結論是：每年可從投資中領取 4% 的資金，並隨著通貨膨脹增加，至少 30 年內不會耗盡資金。舉例來說，若擁有 100 萬美元的投資組合，第一年可以領取 4 萬美元，第二年（假設通貨膨脹率為 2%）可提領 40,800 美元，第三年則為 41,616 美元，以此類推。班簡的計算是根據 60% 股票與 40% 美國債券的多元化投資組合，並考慮了自 1920 年代以來的報酬率。

最近，他對這項計算進行了修正，認為目前可以每年領取 4.5% 的資金而不會耗盡資產。他指出，這項規則「相當保守」，也就是即使在股市歷史上最糟糕的時期也適用。此外，這並未考慮到在市場崩盤期間，我們減少支出且領取較少資金的狀況──這意味著我們在市場穩定的那幾年，有機會領取超過 4.5%。班簡說：「這不是自然法則，而是根據我們掌握的資料、根據經驗所得的結果。並非一體適用。」[89]

知名財經部落客「金錢鬍子先生」彼得・艾德尼（Peter Adeney）是最支持 4% 規則的人之一，他表示，想要讓投資足以支持我們的生活，一種簡單的方法是擁有相當於一年開支 25 倍的投資組合。他說：「你的花費愈低，就能愈早停止工作。若一個人將 50% 的收入存起來，可以在工作 17 年後退休；如果儲蓄比例達到 75%，那麼只要 7 年就可以不必再工作。」

100 萬，否則……

投資組合經理馬克・安德烈・圖爾科特（Marc-André Turcot）非常了解這種情況，這也讓他多年來得以領取穩定薪資。

圖爾科特的父親是電力工人，家境屬於中產階級。家中鮮少談論金錢。直到大學時期，他開始閱讀與股市和財務有關的書籍，從此深深著迷。

「可說是一見鍾情。」他解釋道。

圖爾科特在學習財務期間，被一家大型金融機構錄用，擔任財務規劃師。

「我負責14間銀行分行，完全陷入銷售的世界。」

圖爾科特的底薪為45,000美元，再加上銷售金融產品的佣金，並且需自付差旅費。

「我的工作是說服客戶將20萬美元從其他金融機構轉移到我們這裡。」他說，「重點在於帶進新資金，沒有人鼓勵我們為現有客戶著想。雖然我想照顧客戶，但根本沒有時間。當一位銀行員要應對300個家庭時，就不可能照顧到所有人，只能處理緊急事件。」

圖爾科特不被允許銷售指數型ETF，他的客戶只能買進投資組合中收費較高的共同基金。「這不是我想提供給客戶的產品，但我也無能為力。」

顧客怎麼說？他們什麼都沒說，因為根本不知道自己買的是劣質產品。

「他們不太在意，因為無法看到費用的總額。即使帳單上有有列出，也只是一部分費用。這些資訊被埋藏在難以理解的對帳單中。」

獨立投資經理能帶著客戶的錢，落跑到塞席爾群島嗎？

如果資金存放於託管機構，那麼他就做不到這件事。由基金經理人管理的資產，通常會由託管機構保管，許多銀行、會計事務所或律師事務所都提供這項服務。摩根大通（JPMorgan Chase & Co.）是美國歷史最悠久的銀行機構之一，也是全美最大的託管銀行之一。簡單來說，投資經理人負責替我們投資帳戶挑選資產，但他們不持有資金，也無權領取資金，只有客戶本人擁有提款權限。

他說，這一切對客戶的財務與生活有實質影響。

「金融機構只會將資源集中在資產超過百萬美元的人身上。身為客戶的你對此一無所知，因為他們不會向你解釋……。向你提供建議的那些人，雖然我不想說人壞話，但是他們的專業能力其實並不高，也不夠全面。這不是個理想的組合。事實上，累積百萬美元的退休金並不難，但大多數人只能存到其中一小部分，因為他們得到的投資建議實在很糟。」

他接著說，最糟糕的是，所有金融機構都有一本員工每年都必須簽署的道德手冊。「這本道德手冊寫著，員工必須為客戶的最佳利益著想，為他們爭取利益……。但每週開會時，主管對我們說的是：『你這週賣了多少？你的業績達標了嗎？』一旦某位員工出事，機構就會說：『這與我們無關，他已經簽過道德手冊了！』這就是這個行業扭曲的地方。」

為了擺脫這種環境，圖爾科特轉入同一間金融機構旗下的全方位服務券商部門，負責高資產客戶的投資管理。

雖然工作方式不同，但推銷高費用金融產品的壓力依然存在。「我們的薪資是從客戶支付的費用中抽成40%。所以，費用愈高，我們賺的就愈多。」

對這種運作模式深感不滿，圖爾科特最終決定辭職，尋求更獨立的發展。

他成立了自己的投資管理公司Demos Family Wealth Management，隸屬於大型獨立資產管理公司Raymond James。目前，他管理約2億美元的資產，來自約40個家庭，其中客戶資產中位數約為300萬美元。

圖爾科特完全不在客戶的投資組合中配置共同基金，而是直接挑選公司股票作為長期投資標的，後續很少進行交易，並將費用維持在偏低水準。「我們的投資組合大約包含30支股票與債券，就這樣。」

不透明的藝術

圖爾科特的經歷並不罕見，獨立投資組合經理人幾乎都有金融業的「鬼故事」可以分享。

在超過30年的職業生涯中，資深投資經理人理查德・莫林親眼目睹金融機構如何透過隱藏費用與高額產品坑殺客戶。

「金融機構精通各種不透明的手法。」他說，「有太多隱藏費用，還有很多不同層級的費用，這些在客戶的對帳單上並不清楚。人們以為自己每年支付的費用大約是1%，但其實通常接近2%。經過20到25年，這樣的差異會造成巨大的影響。」

莫林回憶起幾年前來找他的某對退休夫妻。當他審視對方的財務狀況時，立刻察覺到情況不對勁。

「這對夫妻根據他們的金融機構建議，一直維持著15萬美元的貸款，同時持有約100萬美元的投資組合。這間金融機構兩邊都在賺錢——一方面收取貸款利息，另一方面又從這100萬美元的投資中收取管理費。如果這對夫妻賣掉部分投資來還清貸款，銀行就兩頭都賺不到了！」

莫林指出，不只是銀行在剝削客戶。一些投資管理公司聲稱自己長期以來打敗大盤，但他們的報酬計算方式非常「有創意」。

「例如，某些公司只會公布少數幾個投資帳戶的報酬，但這些帳戶的表現並不代表所有客戶的平均收益。」他說，「還有一些公司公布的，是理論模型的報酬（回測，back-testing），或是經理人在該公司成立之前所獲得的個人報酬。」

美國證券交易委員會（SEC）是什麼？

美國證券交易委員會（Securities and Exchange Commission，以下簡稱證交會）是美國金融市場的監管與監督機構。它於 1934 年由美國國會成立，是小羅斯福總統（Franklin D. Roosevelt）新政（New Deal）的一部分，目標之一是防止大蕭條再次發生。證交會肩負三大使命：保護投資人、維持公平且有秩序和效率的市場、促進資本形成。

根據其最新年度報告，證交會每年收到超過 31,000 筆關於可疑或欺詐行為的投訴與舉報。排名前三的投訴類型為：加密貨幣相關問題、證券或價格操縱，以及預付款詐騙。證交會在其官方網站上設有登記查詢系統，供大眾驗證我們想要合作的公司或個人，是否具備從事金融產品建議或銷售的資格。此外，證交會也有教育職能，網站上提供多種工具，包括投資費用影響的模擬計算，以及複利計算機等資源。

他還揭露了共同基金產業的另一個小祕密：績效不佳的基金經常會被關閉，並將其資產併入其他基金，藉此抹去過去不佳的績效表現。這種定期「清理門戶」的做法讓基金公司得以誇大其投資報酬的吸引力，但實際報酬並不如它們所宣稱的那麼亮眼。

那麼，我們該怎麼投資？如何在一年內花不到一小時的時間管理投資，卻仍能讓資產持續成長？

在下一章將揭曉答案。

第 9 章

財經記者的投資方式建議，讓財富持續成長

我認為，開始投資有三種選擇，這些選擇依照投資人的自主程度可分為：

1. 手續費低廉的券商帳戶（自主權最高）：由你自行管理投資。
2. 自動化投資平台（具部分自主權）：大多數投資決策由系統代勞。
3. 專業投資管理服務（自主權最低）：由他人全權負責你的投資管理。

接下來，我們來逐一看看這些選項。

1. 手續費低廉的券商帳戶

先從投資成本最低的方式說起：用手續費低廉的券商帳戶自行管理投資。

手續費低的券商帳戶是一個讓你可以買進金融產品的平台，例如指數基金、ETF、股票和債券。簡而言之，這是獨立投資人的起點。

幾乎每間銀行或信用合作社都提供手續費低廉的交易平台，許多金融服務公司也專門經營這類業務。其中較知名的包括富達、嘉信理財、TD Ameritrade、先鋒、E-TRADE和Robinhood。開戶流程通常很簡單，而且可以在線上完成。

投資人可以同時開設多個帳戶，例如投資帳戶、個人退休金帳戶、羅斯個人退休金帳戶（Roth IRA），有時還包括529大學儲蓄方案（529 Plan）。你可以將這些帳戶視為「盒子」，在裡面放入想要的金融產品。

個人退休金帳戶還是羅斯個人退休金帳戶？

應該選擇傳統個人退休金帳戶，還是羅斯個人退休金帳戶？我覺得這就像選擇要吃熱蘋果派還是焦糖冰淇淋——何不兩個都選？

當然，答案仍要視個人的財務狀況而定。

傳統個人退休金帳戶的運作方式，與美國56%的雇主提供的401(k)方案類似。個人退休金帳戶的提撥款項來自稅前收入，也就是說，這筆錢在收到的當年度無須繳稅，可減輕當年度的稅務負擔。退休後提領時才需要繳稅，在理想的情況下，退休時的稅率會比目前低。2023年的個人退休金帳戶年度提撥金額上限，50歲以下者為6,500美元（50歲以上者可達7,500美元），此上限會定期隨通膨調整。

羅斯個人退休金帳戶的提撥，則來自稅後收入，因此當年無法享有減稅優惠。但羅斯個人退休金帳戶允許資金（每年可提撥6,500美元，50歲以上可提撥7,500美元）免稅成長，而且59歲半後提領時完全免稅。邏輯上來說，如果目前的稅率較低，而退休後預計稅率較高，那麼羅斯個人退休金帳戶是比較理想的選擇。

此外，傳統個人退休金帳戶在72歲後，通常需要開始提領最低金額，而羅斯個人退休金帳戶則無這項限制，可讓資產繼續免稅成長，甚至留給受益人。

簡而言之，個人退休金帳戶和羅斯個人退休金帳戶各有優勢：一個讓我們現在節稅，另一個讓我們未來免稅。

開戶後，我們可以從支票帳戶將資金轉入這些投資帳戶中。

此外，我們還可以將其他機構的投資轉移至新帳戶，無需與原機構的投資經理人或顧問進行尷尬的對話。我們只需填寫轉移申請表，低手續費的券商平台會處理整個過程。我過去曾多次這樣轉移帳戶，完全不需要與任何人交談，而且過程很順利。

投資人還可以設定自動資金轉帳，例如每次發薪日，這樣可以不知不覺地進行投資。自動化投資是最簡單的方式之一，因為如此一來，我們只需做出一次決定，而不必在一整年做許多次決策。

以前在券商平台交易ETF，無論金額多寡，通常要收取高達20美元的交易費。但近年來券商之間的手續費競爭加劇，使得這些成本逐漸下降，甚至有些平台已提供零手續費交易。

然而，自行管理未必是最便宜的選擇，因為這麼做可能會錯失一些好處。例如，缺乏專家指導可能導致股債配置比例錯誤，或是錯過有經驗者對市場波動的冷靜建議，這些都能幫助我們避免恐慌性拋售。其實糟糕的投資人行為才是最昂貴的代價。

使用低手續費券商帳戶的最大優勢是，我們能獲得更多投資報酬。如果投資人不受市場波動影響，且交易頻率低，那麼自行管理投資可能是一個可行的選擇。一旦建立了投資組合，就不要頻繁關注它。

我個人選擇了低手續費券商帳戶，因為這種方式最符合我的個性，能讓我的投資長期成長，並受惠於複利效應。

那麼應該買哪些基金呢？這是個價值百萬的問題。

主要有兩種策略：買進幾支ETF，或是買進一支多資產的ETF，這是一種包山包海的方案。讀到這裡，你可能會發現，我大多推薦ETF而非傳統指數基金。這不是絕對的，但對大多數投資人來說，我認為ETF是比較好的選擇，因為費用比率通常較低、稅務效率極高，而且沒有最低投資金額限制。

ETF

買進指數型ETF，就等於自行建立一個多元化的股票與債券基金投資組合。

在這個概念下，我推薦的投資組合只有兩支ETF：

1. 股票：先鋒的Vanguard Total World Stock Index Fund ETF（VT），包含超過9,000間美國與國際企業的股票。

2. 債券：先鋒的Vanguard Short-Term Bond ETF（BSV），包含美國政府債券、高品質公司債，以及投資級美元計價的國際債券。

一旦確定投資組合中股票與債券的比例（這點已在第4章討論），我們只需要買進這兩支基金（VT和 BSV），然後去打個盹、看Netflix，或烤個貝果來吃。簡單來說，就是這麼輕鬆。

從2013年到2023年，這個多元化投資組合的年均報酬率為5%（股6／債4）至6.3%（股8／債2，這是較積極的配置）。這表示，假設10年前投入1萬美元，如今價值會介於1萬6,300美元至1萬8,400美元之間。而且，這兩支基金的費用率極低，年費分別為VT：0.07%以及BSV：0.04%。

你會發現我推薦的股票ETF包含美國股票與國際股票。許多投資人常會問，是否可以只投資美國股市？這並不是一個瘋狂的想法，因為美國市場本身就有國際曝險：標普500企業的平均營收，約30%來自美國以外的市場[90]。我個人喜歡國際股票提供的多元化。此外，美國股市在過去15年間的績效都超越國際股市，但不能保證未來會繼續如此，甚至無法保證這種趨勢不會逆轉。

只想投資於美國市場的人，其中一個最簡單的方法，就是買進先鋒的Vanguard S&P 500 ETF（VOO），年費只有0.03%。

此外，這些ETF都會支付股利給持有者。股利通常每年發放4次，且以現金支付，大多數券商平台還能讓投資人免費將股利自動再投資（用於買進更多股數）。當我們開設投資帳戶時，系統會詢問是否要「股息再投入」。即使當初未選擇此一功能，也可以隨時聯絡券商修改設定。

加拿大投資人在股票方面，可以買進多元分散的 Vanguard All-Equity ETF Portfolio（VEQT），債券部分則可選擇CI 1-5 Year Laddered Government Strip Bond Index ETF（BXF）。

英國投資人可以買進Vanguard S&P 500 ETF（VUSA）投資美國市場，iShares Core FTSE 100（ISF）投資英國市場。債券部分可選擇iShares Global Govt Bond UCITS ETF（IGLH），這支ETF高度分散，並可在倫敦證券交易所輕鬆交易（編按：台灣讀者可買進元大寶來台灣卓越50證券投資信託基金〔0050〕或富邦台灣采吉50基金〔006208〕，投資台股市值前50大公司）。

多資產ETF

我方才推薦的投資組合包含兩支ETF。雖然不多，但總比一支來得更有彈性。如果你希望進一步簡化，可以選擇單一的多資產ETF。這類基金已多元且平衡配置，涵蓋美國股票、國際股票以及債券。

只要買進一支基金，就能同時持有全球數千間企業的股票，以及西方國家政府發行的數千支債券。

這正是我在小額投資帳戶（例如羅斯個人退休金帳

戶）中採用的方式。因為我不想在這些帳戶上花費過多時間或精力，因此只買進一支ETF且每年固定投入資金，對我來說效果很好。我也喜歡這種極簡投資的感覺：當我打開帳戶，看到的只有一行數字時，讓我覺得自己已經做足研究，或是廚房非常整潔到令人安心。

在這個類別中，iShares Core Growthth Allocation ETF（AOR）有80%是美國和其他幾個國家交易的股票，20%是美國政府和其他已開發國家發行的債券。而iShares Core Moderate Allocation ETF（AOM）則是更為保守的版本，配置是50%美國和國際股票、50%美國政府債券。

這兩支基金的年費用率為0.15%。

對加拿大投資人來說，可選擇類似的先鋒Growth ETF Portfolio（VGRO），費用率為0.24%。

美國投資人的另一個選項是目標日期基金（Target-Date Funds）。這類基金會根據你預期的退休年份例如2040或2050自動調整資產配置，並以隨著退休臨近而逐步降低風險。舉例來說，若你計劃於2045年退休，可以向先鋒美國買進VTIVX Vanguard Target Retirement 2045 Index Fund目標退休指數基金。該基金的最低投資額是1,000美元，年費率為0.08%。

英國投資人則可選擇Vanguard LifeStrategy指數基金

系列，此基金提供多種配置選項，從20%股票到100%股票都有，管理費為0.27%。

研究顯示，買進這些「包山包海」（all-in-one）基金的投資人，整體績效通常更佳，因為這些基金有助於抑制市場投機行為，使投資人更專注於長期成長，最終獲得更高的投資報酬。

選擇ESG投資

當我們買進ETF時，就等於成為成千上萬間公司的共同擁有者。我們可能不完全認同其中某些公司的行為——例如，有些公司可能生產化石燃料、武器或菸草產品。以這種方式買進「整個市場」，有時可能與我們的價值觀相悖。

為了解決這個問題，某些ETF會根據環保、社會與公司治理（Environmental, Social, Governance）標準排除特定公司，這類投資選擇被稱為ESG投資。

ESG基金可能會排除某些類型的產業，包括酒類、民用槍枝、有爭議的武器、傳統武器、私人經營的監獄、博弈等。但這些基金有時仍會投資於該產業中「最不糟糕」的公司，因此我建議在投資前，應仔細閱讀你感興趣的基金細節。

符合 ESG 標準的 ETF 需求日益增加，預估未來幾年將占據大部分新資金投入的主流。這個趨勢也已開始推動企業更注重環保，以免被排除在這些新型金融產品之外。

舉例來說，貝萊德（BlackRock）旗下的 iShares MSCI USA ESG Enhanced UCITS ETF（EDMU）提供對美國股票組合的投資，這些公司承諾將超越歐盟氣候過渡基準的減碳目標。該基金的管理費用相當合理，每年僅 0.07%。

在加拿大，類似的 ETF 則是 iShares ESG Aware MSCI Canada Index ETF（XESG），費用率為 0.16%。

英國投資人可選擇 iShares MSCI UK IMI ESG Leaders UCITS ETF（UKEL），此基金廣泛涵蓋英國公司，並挑選在各自產業內具有「較高環保、社會和治理表現」的企業，費用率為 0.15%。

如果你的 ETF 不符合 ESG 標準，也不必擔心。與大眾普遍認知不同的是，除非是公司首次發行的新股，否則買進某間公司的股票並不為其注資。舉例來說，當我們花 1,000 美元買進蘋果股票，這筆錢並不會進入蘋果公司的口袋，而是流向之前持有並賣出這支股票的其他個人或機構。我們可以討論持有我們不認同的公司股份是否符合道德倫理，但就資金流向而言，並未幫助這間公司募集營運資金。如果市場不再需要它，就像市場曾經不再青睞席爾斯或柯達一樣，其公司價值會逐漸縮水，最終可能下市或宣告破產。

尋求幫助

在券商帳戶中買進ETF很簡單，但仍有一些細節需要了解。舉例來說，在下單時，你可能需要計算自己可以買進多少單位的基金。此外，交易的介面會顯示兩個價格：「買價」（bid price）和「賣價」（ask price），這兩者通常相差幾美分。其原理類似於國際機場的貨幣兌換亭進行外幣交易：當我們買入時，要參考較高的價格（即「賣價」）；當我們賣出時，則需參考稍低的價格（「買價」）。處理這些交易的公司正是靠這幾美分的價差來賺取利潤。

如果你剛開始嘗試自行投資，對開設券商帳戶或買進ETF的流程感到不安，我建議你採取一種雖然不太高科技、但相當實用的方法：打電話給你所開設帳戶的金融機構客服部門。客服人員可以回答你的問題，幫助你順利邁出投資的第一步。

你應該再平衡投資組合嗎？

再平衡指數ETF投資組合的意思是，每年大約檢視一次自己的投資組合，買進或賣出部分資產，以恢復原本設定的股票與債券比例。舉例來說，一個60%股票、40%債券的投資組合，在股票大漲的一年後，股債比可能會改變。我們可能會發現股票權重上升至66%，而債券則下降至34%。

這時，我們可以出售部分股票ETF，並買進一些債券ETF，以恢復到原先股債60/40的配置。

這種方法的好處在於，它鼓勵我們在股票價格上漲時賣出、下跌時買入。這對投資人心理上來說，是很難做到的事情，因此再平衡提供了一種有助於執行這項操作的機制。但是，再平衡的主要目標並不是為了使獲利最大化，而是在於將風險最小化。若完全不進行再平衡，投資組合中股票的比例可能會逐漸超過債券，這在市場突然暴跌時可能會帶來風險。另一種再平衡的方法，是在加碼投資時，將資金投入績效較落後的基金。

指數基金巨頭、先鋒創辦人約翰・柏格並不十分推崇投資組合再平衡，他本人在自己的投資中也沒有進行再平衡。柏格計算得出，從1826年以來的多個25年投資期間中，50%美國股票與50%債券的投資組合若每年固定再平衡一次，最終能獲得更高價值的機率為52%。他認為：「在我看來，這個小差異在統計上並沒有意義。」

他的結論是：每位投資人都可以自行決定是否要進行再平衡。「再平衡是一種個人選擇，而非靠統計數據可以驗證的策略。這麼做當然沒有任何問題（雖然我自己並不這麼做），但也沒有必要過度擔憂投資組合中股債比例的細微變化。舉例來說，如果你的股票比重從50%成長至55%或60%……。請自行判斷決定。」[91]

低手續費券商帳戶的優缺點

優點

- 市場上最低的費用比率。
- 完全可以投資股票與債券的ETF或指數基金。
- 非常適合長期投資。

缺點

- 沒有機制可防止投資人的不良行為（例如市場修正時拋售、投入資金不足等）。
- 需要自行學習如何進行交易。

- 沒有專業建議可供參考。
- 僅在股市開盤時才能交易（週一至週五，上午 9:30 至下午 4:00，假日除外，編按：台股開盤時間為週一至週五上午 9:00～下午 1:30）。

2. 自動化投資平台

對於不習慣使用券商帳戶進行投資的投資人，可以選擇機器人投顧服務。

這類自動化數位平台讓投資ETF變得簡單易行，只需要一支智慧型手機即可操作。

目前市場上較知名的平台包括：先鋒的 Vanguard Personal and Digital Advisor Services、嘉信的 Schwab Intelligent Portfolios，以及 Betterment 和 Wealthfront。

這些服務的主要目標對象是年輕投資人，但其實各個年齡層的投資人都能從中受惠。一旦完成設定，投資便能自動運作，無需花費太多心力管理。

這類服務的主要優勢在於操作簡單，將投資這件令人卻步的事，轉變成如同帳戶轉帳般熟悉且直覺的過程。

當透過電腦或手機開設帳戶時，這些平台會要求我們回答幾個問題，例如投資目標、對資產價值波動等。

根據回答內容，平台會為我們建立一個多元化的投資組合，包含美國市場、國際市場、新興市場的指數型ETF，以及債券資產。

接著，我們只要將資金匯入投資帳戶就完成了。無需自行交易基金，或是將投資組合調整至原本的股債配置，系統會幫我們處理。我們甚至還可以隨時提領資金。

與銀行機構的證券業務類似，這些平台也允許我們開設個人退休金帳戶及其他類型的帳戶。

此外，這些平台的圖形化介面還會顯示我們的投資在10年、20年或30年後可能的價值。在市場波動時，也許這能讓投資人稍感安心。擁有35,000美元投資組合的投資人，真的想在市場低迷時賣出所有資產，並放棄在10年後擁有7萬美元、20年後14萬美元，甚至30年後28萬美元的可能性嗎？當然，這些平台無法阻止強制投資人在股市崩盤時殺出，但至少能讓我們三思而後行。

大多數機器人投顧平台會透過收取管理費獲利，這筆費用通常為投資組合價值的一小部分（通常不到1%），但也有例外。例如嘉信的Schwab Intelligent Portfolios不收取管理費，但要求帳戶中至少需有5,000美元的資金。

不過，這類平台的最大優勢——消除人工干預——同時也是它最大的弱點：當我們投資時，通常還是希望能夠與真人談話。這些平台意識到這點，因此開始提供客戶服務，讓使用者可以透過電話、電子郵件或視訊會議與真人顧問交流，協助將投資組合最佳化。

如果希望獲得更具個人化的一對一服務，投資人也可以雇用獨立理財規劃師。這類顧問通常會收取服務費，從頭到尾分析客戶的財務狀況、撰寫詳盡的報告，並針對稅務或退休規劃提供具體建議。

舉例來說，財務規劃師會根據客戶的年齡、收入及未來需求，建議合適的股票與債券配置比例。

投資人可以依照規劃師的建議，在機器人投顧平台或折扣經紀帳戶中設定投資組合。

需注意的是，由財務規劃師進行財務分析，費用可能高達數千美元，如果涉及多種類型的資產，例如房地產投資，價格還可能進一步提高。

自動化投資平台的優缺點

優點

- 低於市場平均的費用比率。
- 只需輕觸按鈕，即可獲得多元化的 ETF 投資組合。

- 操作介面簡單、直覺。
- 可獲得專業顧問的建議。

缺點

- 阻止不當行為的能力屬中等程度（例如無法有效阻止市場修正時拋售）。
- 可能無法完全獲得與真人顧問相同程度的服務。

3. 專業投資管理服務

第三種選擇在費用上雖然最昂貴，但在其他方面則是最簡單且最令人安心的方式：與專業人士合作。

我們面對現實：管理大筆資金並不是人人都能勝任的工作，讓專業人士來為我們管理投資確實有其吸引力。我完全能理解這一點。而讀到這裡時，如果你選擇與專業人士合作，那麼至少是在充分了解事實的情況下做出的決定。

這代表我們每年必須投入更多時間——即便只是為了關心自己的投資狀態，或與管理資產的專業人士會面。然而，投入時間並不是一種負擔：我們想要了解自己的投資狀況，並且安心地知道，熟悉市場的人正在掌舵。

以下清單列出可協助管理投資的各類公司和專業人士，但不限於此。

投顧

投資顧問指的是個人或公司，以收費形式提供客戶投資建議以及管理客戶的投資。

根據美國金融業監管局（Financial Industry Regulatory Authority，FINRA），投顧的常見稱謂包括：資產管理人（asset manager）、投資顧問（investment counselor）、投資管理人（investment manager）、投資組合經理（portfolio manager），以及主要服務高淨值個人的財富管理人（wealth manager）。註冊投資顧問公司（RIA）雇用的投資顧問對其客戶負有受託責任：他們必須推薦最適合客戶需求的產品，而非選擇能讓自己獲取最高報酬的產品。管理客戶資產達3.1億美元或以上的投資顧問，必須向美國證券交易委員會註冊。

在這個領域中，最受推崇的資格是特許金融分析師（CFA），這是一項很難獲得的專業認證，能確保管理我們投資的人具有專業能力與知識。

截至2019年，受聘於RIA公司的投資顧問每年收取的總顧問費，平均為管理資產的1.17%。[92]有些投資顧問採取只收取服務費（fee-only）的模式，通常會收取數千美元來為客戶制定一份財務規劃，這可能比依照投資組合價值比例按年計費更為划算。如果你正在尋找僅收取服務費的投資顧問，美國個人財務顧問協會（National Association of Personal Financial Advisors，NAPFA）網站是的一個不錯的起點。

財務規劃師

財務規劃師提供財務、稅務、退休、財產、投資、保險等方面的建議，會根據我們的需求、限制和目標制定行動計畫，可能也會銷售投資產品、保險或其他金融產品。

財務規劃產業沒有專門的監管機構。一些規劃師可能持有合格財務規劃師（CFP）的資格證書，這是由合格財務規劃師標準委員會（Certified Financial Planner Board of Standards）頒發的證書。根據美國金融業監管局的說法：「這項認證要求至少三年的工作經驗，並設有相當嚴格的標準來取得及維持資格。此外，該認證允許投資人查詢聲稱擁有合格財務規劃師資格者的狀態，並設有紀律處分機制。」[93]

有些財務規劃師僅收取服務費，並不會從推薦的金融產品中收取佣金。

會計師

根據美國金融業監管局的定義，會計師接受過專業培訓，能夠為個人和企業提供稅務與財務規劃、稅務申報、審計及管理諮詢等專業服務。會計師應擁有註冊會計師（CPA）的資格。一些會計師可能會銷售投資產品，但其主要業務重點仍在美國稅法上。

家族辦公室

對於資金極其充裕的家庭來說，可能需要專業協助來處理財務規劃、保險、慈善捐贈、遺產規劃、稅務規劃等事務，這時需要的是「家族辦公室」（family office）。單一家族辦公室（single-family office）只為某個超高淨值家庭服務，而多家族辦公室（multi-family office, MFO）則能同時服務多個富裕家庭。多家族辦公室通常按管理資產的比例收取報酬，根據一項研究指出，美國多家族辦公室的平均最低年度費用為92,897美元。[94]

無論是選擇與投顧、財富管理師或是財務規劃師合作，我建議要在開始或繼續與他們合作之前，先對這位投資專業人士進行測試。

試著告訴對方，你的投資偏好是擁有極低費用率的多元化指數型ETF投資組合。如果你得到的回應不是「太棒了！」或「我就是這麼做的！」，那麼你就該繼續尋找其他專業人士。

部分專業人士很可能會建議你投資共同基金——這類投資產品向來都是此一產業的主要業務。你應該向他們提問，並討論本書中所解釋的概念，還要請他們提供支持其說法的資訊來源——由支付其薪水的公司所製作的宣傳資料不算。

與專業人士合作的優缺點

優點

- 有專人管理我們的投資。
- 提供個人化服務。
- 稅務最佳化。
- 可有效阻止不當行為（例如在市場修正時拋售）。
- 能鼓勵我們儲蓄及進一步投資。

缺點

- 可能需要支付高額費用。
- 可能難以接觸到指數型 ETF。

• 投資人的利益可能與金融機構的利益發生衝突。

無論我們選擇哪種投資方式，最重要的是踏出第一步，不要讓事情變得複雜。

當美國馬拉松冠軍、奧運金牌得主瓊·貝諾特（Joan Benoit）被問到她在職業生涯中贏得這麼多場比賽的訓練方法時，她回答說，她走出家門，走到車道盡頭，不是向左轉，就是向右轉。「我的跑步哲學是這樣的：不鑽牛角尖，直接去做。」就這麼簡單。

結論

認識投資的真正威脅，做出明智的決策

飛向月球並不算太遠，最漫長的旅程是向內的旅程。

——安娜伊絲．寧（Anaïs Nin），作家

幾年前，我們全家在鱈魚角（Cape Cod）度假時看到一條白鯊。

救生員開發出一套有效的系統，以保護人們不被鯊魚攻擊。他們沿著綿延數英里的海灘，按照一定的間隔駐守，並用望遠鏡掃視地平線。如果有救生員發現鯊魚，就會用無線電通知同事。接著，沿岸的救生員會吹響哨子，旗桿頂端會升起禁止游泳的旗幟，數千名游泳者必須在一小時內上岸。

在其中一次禁止游泳的情況下，我們看到一群度假者朝著大海奔去，出於好奇便跟著跑了過去。大約在前方約50英尺處，一道灰色魚鰭劃破海浪，這一幕引發海灘上人

群驚恐尖叫——就像電影中的場景一樣。

雖然鯊魚體型龐大且令人畏懼，但它們並不是對人類最具危險性的動物之一。

你知道嗎？鯊魚每年造成的死亡人數比牛還少。全球每年平均死於鯊魚的人數是5人，而牛隻每年則平均造成22起記錄在案的死亡案例，包括被踢死或踩死。

牛殺的人是鯊魚的4倍。

鯊魚令人恐懼，每一次攻擊都會登上全球各大媒體的頭條。相較之下，牛一點也不可怕。

這種牛與鯊魚的矛盾情況，正好總結了投資世界的運作方式。

投資時，我們並沒有對真正該害怕的事情感到害怕。我們害怕的是「鯊魚」類型的風險（例如股市崩盤、錯失良機、下一次經濟衰退等），但真正會造成更大傷害的，其實是那些不太引人注目的風險（買進某些可能致富的股票、對投資猶豫不決、預測股市會崩盤而賣出資產、支付過高的管理費等）。

「鯊魚型」的風險非常顯而易見。一旦鯊魚出現，都會牽動我們的所有注意力。

「牛型」的風險則是看不見的，而且很少被提及。

「牛」應該讓我們警惕，但卻沒有令人難忘的特質，所以總是被直接忽略。

我之所以喜歡「牛與鯊魚」比喻的另一個原因是，鯊魚的形象經常與金融界連結在一起。鯊魚象徵著野心勃勃的金融專業人士，為了賺取利潤，甚至不惜推銷有疑慮投資產品給自己的媽媽。

但正如本書所說明的，幾乎所有「鯊魚」投資績效都比「牛」還要差——那些低頭吃草、看著火車駛過的牛，反而更能穩健成長，無需擔憂。

面對風險時，我們都很難做出正確的判斷。表面上看起來很可怕的東西，未必真的具有威脅；而真正的威脅，往往難以察覺。

舉例來說，雖然每個人都害怕股市崩盤這種戲劇性的情境，但另一種更平凡的情境可能對財務造成更大的損害：投資不足。投資人如果只專注於他3萬美元投資組合每天的漲跌，可能會忽略一件事：若他加碼投入6,000美元，那麼投資組合會立即增加20%。

在我們投資的最初幾年，最大的風險並不是資產價值下跌，而是投入的資金不夠，並且期待市場幫助我們的財富成長，若非如此便驚慌失措。

我們的大腦並不適合投資。大腦的運作方式是規避不確定性、尋求安全感。當我們看到投資價值上漲時，大腦會沉浸在腦內啡（endorphins）帶來的快感中，並憧憬著美好的未來。一旦市場突然下跌，隨之而來的便是恐懼與懷疑。

人人都會犯錯

我對兩位谷歌創辦人——賴瑞・佩奇（Larry Page）和賽吉・布林（Sergey Brin）在歷史上一個如今幾乎被遺忘的時刻感到十分著迷。1999年時，谷歌還只是一間位於矽谷車庫，只有6名員工、使用米色外殼電腦的小公司，當時佩奇和布林想要賣掉公司。他們透過中間人告訴當時主導市場的網際網路入口網站Excite的負責人，表示願意以100萬美元出售谷歌。

這個提議被拒絕了。

於是他們表達願降價至75萬美元。

這個提議再次被拒絕了。

如今，佩奇和布林是全球10大富豪之一，兩人的總財富接近2,000億美元。

沒有任何一位投資人擁有水晶球能夠預知未來。你沒有，我沒有，Excite的負責人沒有，谷歌的共同創辦人也沒有。

我在本書前面曾提到，許多投資專業人士會勸告客戶不要在沒有他們協助的情況下投資。我同意這個建議，但贊同的理由與他們的不同。

> 我想要累積資產，而不是累積責任。
>
> ——詹姆斯·克利爾（James Clear），作家與投資人

我認為，大多數人不應自行管理投資，因為他們對這件事沒有興趣。他們不習慣管理大筆資金、害怕犯錯、擔心選錯基金、對自己的能力缺乏信心等。

我不會因此責備他們，這些反應完全正常。但我也相信，許多人是能夠自行管理投資的。如果你已經讀到這本書的這個章節，我要恭喜你，因為你顯然屬於這個群體。

人們根據特定情境調整自己行為的能力，經常被低估。例如，在新冠肺炎疫情期間，媒體不斷報導人們無視公共衛生指引、群聚、不戴口罩慶祝，以及抗議「被剝奪自由」的行為。

但媒體鮮少報導的是，全球數十億人迅速且前所未有地改變了自己的行為，以減緩病毒傳播。數百萬間公司與企業在一夜之間轉向遠端辦公，以保護員工和顧客。

而在亞洲以外幾乎不曾見過的「公共場所佩戴口罩」，在芝加哥、雪梨等地都變得司空見慣。

人類會學習，人類會適應——這根本是我們最擅長的事情！

指數成長與被動投資

我很難向自己解釋，為什麼會對投資感興趣。

我在學校學的不是投資，父母和家人也對此毫無興趣。我對經濟新聞的關注度有限，卻記得美國聯邦基金利率是多少。我對精品、名車、昂貴的度假行程或是精緻的服裝也都沒有興趣。

那麼，為什麼我會對金錢以及讓它成長的方式感到著迷呢？

我被投資的兩個極端特性吸引：被動與指數成長。

我工作並賺取薪水。當我將薪水投入投資，它也開始為我工作，並賺進更多的錢。大約15到20年後，我的投資報酬幾乎與年薪相當。這令我驚嘆不已。

我也喜歡投資當下使我淡然處之的心境。兩千多年前，羅馬哲學家塞內卡（Seneca）曾寫道，我們應努力控制自己對生活中負面事件的反應，就像馴獸師將手伸進獅子嘴裡，或是動物園管理員親吻老虎一樣。

「同樣地，智者是馴服厄運的高手。人們都害怕遭遇疼痛、貧窮、恥辱、監禁和流放。但是當厄運遇到智者，就會被馴服了。」

這段話被我貼在辦公室的牆上，陪伴我度過股市崩盤。雖然幾年前的股市崩盤曾讓我感到害怕，但是最近的幾次則完全沒有影響我的情緒。

就像一隻張開嘴巴怒吼的老虎，螢幕上綠油油的數字竭盡全力要讓我們恐懼，要迫使我們做出反應。而我們的任務就是冷靜地說：「謝了，沒用。別想嚇到我。」

最後，我喜歡股市投資的一點是，它不在乎我們的身分。市場不在乎我們的自尊心、學歷、薪資、出生地、房子的大小，甚至開的是什麼車。

在市場眼中，這些都沒有意義。在投資世界裡，一個高中輟學生可以比商學院畢業的高階主管更成功。這種事不僅可能，甚至很常見，這一直令我很著迷。

不自憐

我曾多次在本書中提到蒙格——巴菲特的億萬富翁得力助手。如今已99歲的蒙格（譯註：蒙格已於2023年11月28日辭世），是我們這個時代最偉大的投資人之一。閱讀他的著作或聆聽他的演講都是一種享受，他博學多聞，簡直是一台行走的名言機。但其實他的人生充滿了艱辛。

1953年時，29歲的查理．蒙格還是一名律師，與第一任妻子離婚。他們育有3個年幼的孩子。這場離婚對他而言是一場災難——查理幾乎失去了一切，包括房子。他只好住進大學宿舍，開著一輛破舊到連自己的孩子都忍不住吐槽的車子。

一年後，他的兒子泰迪被診斷出患有白血病，在當時這種疾病是無法治癒的。泰迪被轉送到加州帕薩迪納的一間兒童安養病房，查理曾形容這是「世上最悲傷的地方之一」。

查理和前妻會去醫院探望臥病在床、日漸虛弱的兒子。一位朋友回憶說，查理每次進入醫院總會抱著兒子，然後走到帕薩迪納的街道上哭泣。

泰迪．蒙格在隔年去世，年僅9歲。

此時，31歲的查理．蒙格離婚、兒子病故、身無分文，還背負著一筆巨額醫療費用。

作家沙法爾・尼威夏克（Safal Niveshak）在一篇探討蒙格生平的精彩文章中寫道：「當時查理完全可以像許多與他境遇相似的人一樣，放棄一切並沉溺於惡習（酒精、毒品）。但查理不是那樣的人，他選擇了繼續前行。」[95]

幾年後的1959年，查理在一次晚宴上認識了巴菲特。兩人一見如故，馬上就知道彼此應該合作。

後來，巴菲特和蒙格共同打造了波克夏海瑟威——這間如今擁有超過35萬名員工、年營收超過2,750億美元的商業帝國。查理再婚，並與第二任妻子育有4個孩子。

但是，厄運並未遠離他。50多歲時，查理因白內障手術失敗而失去了左眼的視力。對於一個熱愛閱讀的人來說，這無疑是一個沉重的打擊——在他看來，閱讀是所有渴望學習和成長的人都應該做的事。他因眼疾飽受疼痛，最終必須換上義眼。

數年前，在南加州大學（USC）的一場法律系畢業典禮上，蒙格分享了他從人生種種不幸中學到的一個重要教訓——永遠不要自憐。

他說：「總的來說，羨慕、怨恨、報復和自憐都是極具破壞力的思維模式。每當你發現自己陷入自憐，不論原因是什麼——也許是孩子快要死於癌症——自憐都無濟於事。這種行為很荒謬。人生總會遇到可怕的打擊，甚至是不公平的打擊，但這並不重要。有些人能從中恢復，有些人則無法。……人生的每一次不幸，都是一個學習的機會。我們的責任不是沉溺於自憐中，而是將這些沉重的打擊轉化為有建設性的動力。」[96]

查理認為，最重要的是每次跌倒後都能重新站起來。沒有人的一生是完美的。

這個教訓適用於生活的各個面向，當然包括投資。

我們在投資上可能會遭遇失敗，但關鍵在於學習、抬頭挺胸，然後繼續前進。「我不喜歡任何被當成受害者的感覺。」蒙格曾說，「我不是受害者。我是堅強的生還者。」

有效的解決方案

我在本書開頭引用亞瑟・柯南・道爾（Arthur Conan Doyle）的話，他是《福爾摩斯探案》的作者。我希望能讓讀者試著站在這位知名偵探的角度來思考。

如果福爾摩斯來投資，他會怎麼做？

在掌握了所有事實並解答幾個關鍵問題後，我想像這位偵探會繞過那些收取高額費用的共同基金業務員，並將資金投入一組指數型ETF的投資組合，接著便將這件事拋諸腦後，轉身投入下一樁案件。

在閱讀這本書的過程中，有些人可能會認為我已經下了定論，忽略了其他有效的股票市場投資方法，而全力推崇ETF投資。對此，我的回應是：我從不讓任何自己偏好的任何投資哲學或方法主導投資策略。我依循的是事實。正如我在本書序言中所說，我並不是一開始就已知道這本書所呈現的答案。而是經年累月累積這些資訊與原則，其間付出的代價通常是非常丟臉的錯誤。

本書的目的並不是告訴你該怎麼做，而是要呈現一種經過獨立研究、嚴謹分析，並在市場中展現出比幾乎任何其他方法都更令人佩服且可靠的投資方式。

我知道對某些人來說，「買ETF，然後就放著不管」並不是一個可接受的解決方案。這樣的建議無法令他們滿足，無法反映出他們的為人以及他們想要實現的人生。

如果你是這麼想的，我並不是要告訴你不該成為主動型投資人，也不是要阻止你挑選個股。我只是希望你明白，要長期打敗大盤（即便只是每年多1%或2%）是一項極為困難的成就，而且往往難以持續超過數年。市場上的投資失敗案例，比成功故事來得更多。

稍微脫離這個世界

我從小就喜歡計算自己可以在湖水中屏住呼吸多久。

我喜歡那種平靜與掌控感。我知道，每一次嘗試都會比上一次更進步。當我停止呼吸進入第三分鐘，與水面上的空氣僅相隔3英尺，身體正努力維持生存。

在水下，我既遠離這個世界，又同時是它的一部分。

投資也是類似的體驗。我們必須學習保持冷靜，在一個充滿誘惑、刺激我們做出反應的環境中盡量不受干擾；必須拒絕被情緒主宰。我們要理解，如果能暫時抽離這個世界，一切都會更好。

最重要的是，要享受那種延遲浮出水面的時刻，緩慢、冷靜地浮出，就像第一次那樣，吸一口新鮮的空氣，然後再次潛入寂靜之中。

致謝

這本書最後沒有淪為昂貴的杯墊，是因為有一小群人提供了幫助、深入的見解與努力，我在此要向他們致上感謝。

感謝我的妻子Pénélope Fortier，她的耐心、支持，以及在我撰寫這本書期間給予的鼓勵之詞。

感謝Harriman House的資深策劃編輯Craig Pearce，感謝他相信這本書的潛力並使本書得以成真。

感謝Richard Morin在這個專案上的協助，感謝Stephen A. Jarislowsky、Josée Jeffrey、Marc-André Turcot、Ian Gascon對我敞開大門，慷慨分享他們的職涯與專業。感謝Peter Adeney、Van-Anh Hoang、Jean-Sébastien Pilotte、Andrew Hallam、Morgan Housel與Mohnish Pabrai。

感謝Véronique Bérubé與Laurent McComber閱讀本書的初稿，幫助我釐清思路——本書中如有任何錯誤與疏漏，均由我負責。

感謝Éditions La Presse總裁Jean-François Bouchard與出版總監Pierre Cayouette。也感謝Colette Lens的洞察與寶貴建議。

NOTES

1 Michael Lewis, *The Big Short: Inside the Doomsday Machine*, W. W. Norton & Company, 2010.（中譯本請見麥可・路易士：《大賣空：祕密布局，等待時機》，早安財經）

2 Gregory Zuckerman, *The Greatest Trade Ever: The Behind-the-scenes Story of How John Paulson Defied Wall Street and Made Financial History*, Crown Business, 2009.

3 Rupert Hargreaves, "Warren Buffett: Learn From Your Mistakes and Move Forward," Yahoo Finance, October 16, 2018.

4 Steven Novella, "Lessons from Dunning-Kruger," NeuroLogica blog, November 6, 2014.

5 Andrew Odlyzko, "Newton's financial misadventures in the South Sea Bubble," *Notes and Records*, August 29, 2018.

6 同上

7 Independent publication, 2021.

8 Andrew Edgecli e-Johnson, "Lunch with the FT: Henry Blodget," *Financial Times*, November 15, 2013.

9 William Green, *Richer, Wiser, Happier: How the World's Greatest Investors Win in Markets and Life*, Scribner, 2021, p. 3.（中譯本請見威廉・格林《更富有、更睿智、更快樂：投資大師奉行的致富金律》，先覺）

10 Burton Malkiel, *A Random Walk Down Wall Street: The Time-Tested Strategy for Successful Investing*, W. W. Norton, 2009, p. 264.（中譯本請見柏頓・墨基爾《漫步華爾街（50 週年增訂版）：超越股市漲跌的成功投資策略》，天下文化）

11 Warren Buffett, Berkshire Hathaway shareholder letter, 2008, p. 264.

12 SPIVA website, consulted by the author on October 13, 2022.

13 "Missing Out: Millennials and the Markets," Ontario Securities Commission, November 27, 2017.

14. "Our results," Caisse de dépôt et placement du Québec website, 2021.

15. "Harvard's billion-dollar farmland fiasco," GRAIN report, September 6, 2018.

16 Tim Edwards et al, "SPIVA Institutional Scorecard Year-End ," S&P Global, September 8, 2022.

17 Gregory Zuckerman, "This Is Unbelievable: A Hedge Fund Star Dims, and

Investors Flee," *The Wall Street Journal*, July 1, 2018.

18 Burton Malkiel, *Random Walk*, p. 167.（中譯本請見柏頓．墨基爾《漫步華爾街（50週年增訂版）：超越股市漲跌的成功投資策略》，天下文化）

19 David R. Harper, "Hedge Funds: Higher Returns or Just High Fees?" Investopedia, April 12, 2021.

20 Raymond Kerzérho, "The Terrible Truth about Hedge Funds," PWLCapital, August 12, 2021.

21 Warren Buffett, Berkshire Hathaway shareholder letter, 2016, p. 24.

22 Hendrik Bessembinder, "Do Stocks Outperform Treasury Bills?" Arizona State University, August 22, 2017.

23 Thomas Macpherson, "Bessembinder Rocks the Investment World," GuruFocus, October 19, 2017.

24 Ben Carlson and Michael Batnick, "A Random Talk with Burton Malkiel," Animal Spirits podcast, October 2, 2020.

25 同上

26 Stephen J. Dubner, "The Stupidest Thing You Can Do With Your Money," Freakonomics podcast, September 21, 2017.

27 John C. Bogle, *The Little Book of Common Sense Investing: The Only Way to Guarantee Your Fair Share of Stock Market Returns*, Wiley, 2017, p. 184.（中譯本請見約翰．柏格《約翰柏格投資常識（全新增訂&十周年紀念版）》，寰宇）

28 Warren Buffett, op. cit., p. 24.

29 Ben Carlson and Michael Batnick, op. cit.

30 Stephen A. Jarislowsky, *Dans la jungle du placement*, Les Éditions Transcontinental, 2005, p. 27.

31 Tim Edwards et al, "The Volatility of Active Management," S&P Global, August 2006.

32 Emmie Martin, "Warren Buffett wants 90 percent of his wealth to go to this one investment after he's gone," CNBC, February 27, 2019.

33 Charles V. Harlow and Michael D. Kinsman, "The Electric Day Trader and Ruin," *Pepperdine Graziadio Business Review*, 1999.

34 Brad M. Barber et al, "Trading Is Hazardous to Your Wealth: The Common Stock Investment Performance of Individual Investors," *The Journal of Finance*, April 2000.

35 William Bernstein, The Four Pillars of Investing: Lessons for Building a Winning Portfolio, McGraw-Hill, Kindle version, 2010, p. 216.（中譯本請見威廉．伯恩斯坦《投資金律：建立獲利投資組合的四大關鍵和十四個關卡（第2版）》，臉譜）

36 John Bogle, The Little Book of Common Sense Investing, Wiley, 2017, Kindle

format.（中譯本請見約翰・柏格《約翰柏格投資常識（全新增訂&十周年紀念版）》，寰宇）

37 同上, p. 168.

38 Roger Collier, "The challenges of physician retirement," *Canadian Medical Association Journal*, January 16, 2017.

39 同上

40 Daniel Solin, "Why Smart Doctors and Dentists Make Dumb Investors," AOL, December 23, 2009.

41 Jonathan Satovsky, "Smart People Can Make Stupid Investing Decisions," *Forbes*, August 16, 2012.

42 Oliver Sung, "Charlie Munger: 2021 Daily Journal Annual Meeting Transcript," Junto Investments, February 26, 2021.

43 Jason Zweig, "False profits," Jasonzweig.com, June 23, 2015.

44 David Zuckerman, "Initial Public Oerings Historical Returns," Financial Planning Association, January 31, 2012.

45 同上

46 Alessio Emanuele Biondo et al, "Are Random Trading Strategies More Successful than Technical Ones?" *PLoS ONE*, July 11, 2013.

47 Retirement 101, "Returning to the Original Strategy," July 15, 2020.

48 同上

49 Andrew Hallam, *Millionaire Teacher: The Nine Rules of Wealth You Should Have Learned in School*, Wiley, 2017.（中譯本請見安德魯・哈藍《我用死薪水輕鬆理財賺千萬（五萬本紀念版）：16 歲就能懂、26 歲就置產的投資祕訣》，大是文化）

50 Andrew Hallam, "Do I Regret Selling Stocks Worth $ 700,000?" Andrewhallam.com, September 2, 2011.

51 Claire Boyte-White, "How Dividends Affect Stock Prices," Investopedia, July 26, 2020.

52 Simon Sinek, The Infinite Game, Penguin, 2019, p. 12.（中譯本請見賽門・西奈克《無限賽局：翻轉思維框架，突破勝負盲點，贏得你想要的未來》，天下雜誌）

53 Fox Butterfield, "From Ben Franklin, a Gift That's Worth Two Fights," *The New York Times*, April 21, 1990.

54 Stephan A. Schwartz, "Ben Franklin's Gift that Keeps on Giving," *American History*, February 2009.

55 Myles Udland, "Fidelity Reviewed Which Investors Did Best And What They Found Was Hilarious," Business Insider, September 4, 2014.

56 Jim O'Shaughnessy, "Jason Zweig – Psychology, History & Writing," Infinite Loops podcast, January 28, 2021.

57 "The Theft That Made The 'Mona Lisa' A Masterpiece," NPR, July 30, 2011.

58 Jennifer Booton, "Jim Cramer doesn't beat the market," MarketWatch, May 16, 2016.

59 Josh Brown, "Why I don't wake up to the news," thereformedbroker.com, June 4, 2019.

60 同上

61 Benjamin Graham, *The Intelligent Investor: The Definitive Book on Value Investing*, Harper Business, p. 48.（中譯本請見班傑明．葛拉漢，傑森．茲威格《智慧型股票投資人（全新增訂版）》，寰宇）

62 "The 2018 forecast: rising risks to the status quo," Vanguard Canada, December 7, 2017.

63 Joe Chidley, "Gut feeling: U.S. rally will fizzle, Chinese stocks will surge and TSX will climb higher in 2017," *Financial Post*, December 29, 2016.

64 Guru Grades, CXO Advisory Group, https://www.cxoadvisory.com/gurus.

65 Larry Swedroe, "You Make More Money Selling Advice Than Following It," CBS News, May 20, 2010.

66 Craig Botham and Irene Lauro, "Climate change and financial markets," Schroders, February 2020.

67 Swiss Re Institute, "The economics of climate change: no action not an option," April 2021.

68 Christopher Flavelle, "Climate Change Could Cut World Economy by $23 Trillion in 2050, Insurance Giant Warns," *The New York Times*, April 22, 2021.

69 Nicolas Bérubé, "Un optimiste dans la grisaille," *La Presse Aaires*, February 19, 2013.

70 同上

71 Walter Isaacson, Benjamin Franklin: *An American Life*, Simon & Schuster, 2003, p. 267.（中譯本請見華特．艾薩克森《班傑明．富蘭克林：美國心靈的原型》，臉譜）

72 Dana Anspach, "How to Handle Stock Market Corrections," The Balance, December 1, 2020.

73 Thomas Franck, "Here's how long stock market corrections last and how bad they can get," CNBC, February 27, 2020.

74 David Koenig, "Market Corrections Are More Common Than You Might Think," Charles Schwab Intelligent Portfolios, February 25, 2022.

75 Morgan Housel, *The Psychology of Money*, Harriman House, 2020, p. 160.（中譯本請見摩根．豪瑟《致富心態：關於財富、貪婪與幸福的20堂理財課（暢銷增訂版）》，天下文化）

76 Ben Carlson, "All-Time Highs Are Both Scary & Normal," A Wealth of Common Sense, November 29, 2019.

77 Ben Carlson, "2018 vs. 2019 in the Stock Market," A Wealth of Common Sense, January 21, 2020.

78 Ben Carlson, "What Happens After the Stock Market is Up Big?" A Wealth of Common Sense, April 11, 2021.

79 Garth Turner, "Suck it up," Greaterfool, April 15, 2021.

80 William Green, Richer, *Wiser, Happier*, p. 75.（中譯本請見威廉・格林《更富有、更睿智、更快樂：投資大師奉行的致富金律》，先覺）

81 H. Nejat Seyhun, "Stock market extremes and portfolio performance," Towneley Capital Management, 1994.

82 Warren Buffett Investment Strategy, Plan For 2020, YouTube, December 4, 2019.

83 Nick Maggiulli, "Why Market Timing Can Be So Appealing," Of Dollars And Data, January 20, 2020.

84 Patrick O'Shaughnessy, "Trail Magic – Lessons from Two Years of the Podcast," Invest Like the Best podcast, September 18, 2018.

85 Ron Lieber, "Les femmes, meilleures que les hommes?" *La Presse*, October 30, 2021.

86 Nicholas Hyett, "Do women make better investors?" Hargreaves Lansdown, January 29, 2018.

87 Jason Zweig, "Just How Dumb Are Investors?" *The Wall Street Journal*, May 9, 2014.

88 John C. Bogle, "The Arithmetic of "All-In" Investment Expenses," *Financial Analysts Journal*, 2014.

89 Brett Arends, "The inventor of the '% rule' just changed it," MarketWatch, October 22, 2020.

90 Phillip Brzenk, "The Impact of the Global Economy on the S&P 500," S&P Global, March 19, 2018.

91 Tim McAleenan, "John Bogle Doesn't Rebalance His Portfolio," The Conservative Income Investor, November 5, 2019.

92 "2019 RIA Industry Study: Total Average Fee is 1.17%," RIA in a box, July 23, 2019.

93 Financial Industry Regulatory Authority (FINRA) Website, consulted by the author on October 28, 2022.

94 Tom Burroughes, "Family O ces, Wealth Houses Should Re-Think Fee Structures – Study," February 9, 2021.

95 Safal Niveshak, "A Story of Courage and Hope from the Life of Charlie Munger," safalniveshak.com, August 5, 2019.

96 同上

GOLDEN BRAIN

不選股，我才賺到錢

財經記者從投資黑歷史中學到的真教訓，持續買進才是唯一解

2025年9月初版　　定價：新臺幣420元

著者	Nicolas Bérubé
譯者	呂佩憶
叢書主編	林映華
副總編輯	陳永芬
校對	鄭碧君
內文排版	王信中
封面設計	張天薪

出版者	聯經出版事業股份有限公司
地址	新北市汐止區大同路一段369號1樓
叢書主編電話	(02)86925588轉5306
台北聯經書房	台北市新生南路三段94號
電話	(02)23620308
郵政劃撥	帳戶第0100559-3號
郵撥電話	(02)23620308
印刷者	文聯彩色製版印刷有限公司
總經銷	聯合發行股份有限公司
發行所	新北市新店區寶橋路235巷6弄6號2樓
電話	(02)29178022

編務總監	陳逸華
副總經理	王聰威
總經理	陳芝宇
社長	羅國俊
發行人	林載爵

行政院新聞局出版事業登記證局版臺業字第0130號

本書如有缺頁，破損，倒裝請寄回台北聯經書房更換。　ISBN　978-957-08-7777-9 (平裝)
聯經網址：www.linkingbooks.com.tw
電子信箱：linking@udngroup.com

國家圖書館出版品預行編目資料

不選股，我才賺到錢：財經記者從投資黑歷史中學到的真教訓，持續買進才是唯一解/ Nicolas Bérubé著．呂佩憶譯．初版．新北市．聯經．2025年9月．240面．14.8×21公分（GOLDEN BRAIN）
譯自：From zero to millionaire : a simple, effective and stress-free way to invest in the stock market..
ISBN　978-957-08-7777-9（平裝）

1.CST：股票投資　2.CST：投資技術　2.CST：投資分析

563.53　　114011220